V

OTTO KAISER

WEIHNACHTEN im OSTERLICHT

Eine biblische Einführung
in den christlichen Glauben

RADIUS

Univ.-Prof. Dr. Dr. h.c. mult. *Otto Kaiser,* geboren am 30. November 1924 in Prenzlau/Uckermark, ist evangelischer Theologe, promovierte 1956 an der Universität Tübingen und habilitierte sich dort 1957 für das Fach Altes Testament. Von 1960 bis 1993 lehrte er als Universitätsprofessor in Marburg. Kaisers Forschungstätigkeit ist breit gestreut und umfaßt alle Gebiete des Alten Testamentes und seiner Hilfswissenschaften. Schwerpunkte bilden die Einleitungswissenschaft, die Exegese und der Alte Orient, insbesondere im Hinblick auf das Alte Testament. Er schuf mit der »Einleitung in das Alte Testament« ein Standardwerk für angehende Bibelwissenschaftler. Sein besonderes Interesse gilt der Förderung des wissenschaftlichen Nachwuchses. Das zeigt sich an der großen Anzahl seiner Schüler sowie in seiner Tätigkeit als Herausgeber der renommierten »Zeitschrift für Alttestamentliche Wissenschaft« und der Reihe »Beihefte zur Zeitschrift für Alttestamentliche Wissenschaft«. Damit ermöglichte er vielen jungen Forschern die Veröffentlichung ihrer Forschungsergebnisse.

ISBN 978-3-87173-106-8
Copyright © 2008 by RADIUS-Verlag GmbH Stuttgart
Alle Rechte der Verbreitung, auch durch Film, Funk, Fernsehen,
fotomechanische Wiedergabe, Tonträger jeder Art,
auszugsweise erfolgenden Nachdruck oder Einspeicherung
und Rückgewinnung in Datenverarbeitungsanlagen aller Art,
sind vorbehalten.
Umschlag: André Baumeister
Gesamtherstellung: CPI, Clausen & Bosse, Leck
Printed in Germany

I Weihnachten im Osterlicht

Den Mittelpunkt der kirchlichen Weihnachtsfeiern bildet die Christvesper oder Christmette mit der Geschichte von Jesu Geburt aus Lk 2,1-20. In ihr sind die Hirten, die auf dem Felde des Nachts ihre Schafe hüten, die ersten, denen der Engel des Herrn eröffnet, wer das neugeborene und in einer Krippe liegende Kind ist und was es für das Verhältnis zwischen Gott und den Menschen bedeutet. Wir alle kennen diese Worte oder meinen doch sie zu kennen: Der von himmlischer Klarheit umleuchtete Engel versicherte ihnen, daß sie nicht um ihr Leben zu bangen brauchten, weil er ihnen im göttlichen Lichtglanz erschienen war, denn er sei gekommen, um ihnen mitzuteilen, daß Christus, der Herr und Retter aller Menschen, in der Stadt Davids, d. h. im nahen Bethlehem, geboren sei (Lk 2,10-11): »*Fürchtet euch nicht! Denn siehe, ich verkündige euch eine große Freude, die dem ganzen Volk widerfahren wird; denn euch ist heute der Retter geboren, welcher ist Christus, der Herr, in der Stadt Davids.*«

Der römische Kaiser Augustus, auf dessen Befehl der Landpfleger Quirinius (Cyrenius) eine Volkszählung und Steuerschätzung in den jüdischen Landen durchführen ließ, wird in Inschriften als »Retter des Menschengeschlechts« bezeichnet, sein Adoptivvater C. Julius Caesar als »Retter der Ökumene [der bewohnten Welt]«. Es ist ein königlicher Titel und zugleich eine Verheißung, die der Engel dem neugeborenen Kind zuweist, dessen Eltern Joseph und Maria aus der im Norden des Landes liegenden Kleinstadt Nazareth nach Bethlehem gereist waren, weil sie sich dort in die Steuerlisten einschreiben lassen mußten. Da Joseph aus der Großfamilie des Königs David stammte, mußte auch er sich nach Bethlehem begeben, weil es die »Stadt

Davids« war (I Sam 16,1; Mich 5,1). Wenn der Zug nicht legendär ist, muß Joseph dort Grundbesitz gehabt haben; denn für die Steuerschätzung war nicht der Herkunftsort der Familie, sondern der Ort ihres Grundbesitzes entscheidend. Aber wir brauchen und sollen uns um diese Dinge keine Gedanken machen, weil Lukas seinen Bericht von der Geburt Jesu mit Zügen einer Sinngeschichte versehen hat. Das Historische tritt hinter dem Glauben an das göttliche Kind, an Jesus als den Gesalbten und Sohn Gottes zurück.

Daß seine Sendung besonderer Art sein wird, läßt bereits das Motiv ahnen, daß das Kind schon bei seiner Geburt keinen Platz bei den Menschen gefunden hat. Denn statt in der Karawanenherberge, in der die Fremden zu wohnen und zu nächtigen pflegten, wird es in eine Krippe und mithin in einen Stall gelegt. Wenn an den jetzt in den Kirchen stehenden Krippen außer den Figuren von Maria und Joseph, dem göttlichen Kind und den Hirten oder den drei Königen aus dem Morgenlande (Mt 2,1-11) sich noch ein Ochse und ein Esel befinden, ist dafür der Wahrspruch aus Jes 1,3 verantwortlich, den man als Weissagung auf das Geschick Jesu verstanden hat:

Ein Rind kennt seinen Eigentümer
und ein Esel die Krippe seines Besitzers.
Israel besitzt keine Kenntnis,
mein Volk zeigt keine Einsicht.

Die harmlosen, scheinbar lediglich den Realismus der Szene unterstreichenden Krippenfiguren weisen darauf hin, daß sich an diesem Kind die Geister seines Volkes und (verlängern wir die Linie bis in die Gegenwart) nicht nur seines Volkes scheiden werden (Lk 12,51-53; Mt 10,34). Auch die Hirten sind es wert, daß wir einige Augenblicke bei ihnen verweilen: Ihr Beruf fordert den ganzen Mann, der zu beständiger Wachsamkeit über die ihm anvertrauten Tiere und zum Schutz vor ihren Feinden verpflichtet ist. Er muß sie täglich in ihren Kräften entsprechenden Wanderungen von einem Weidegrund zum anderen führen und wissen, wo jeweils die nächste Tränke liegt, damit seine Herde nicht verdurstet (Ps 23,1-4). So ist es kein Wunder, daß »Hirte« im Altertum ein Titel der Götter und Könige gewesen ist. So wurde auch der Gott Israels als Hirte angerufen, der sein Volk wie Schafe hütet (Ps 80,2); und zu ihm bekannte sich der Beter im Vertrauenspsalm als seinem Hirten, der ihm auch dann beisteht, wenn er durch ein dunkles Tal wandern muß (Ps 23). Die Hirten sind also beides: ausgegrenzt aus dem normalen Leben der Dörfer und Kleinstädte und zugleich doch unentbehrlich. Sie erfahren, daß dieses in einer armseligen Krippe liegende Kind der Retter des ganzen Volkes, ja der Retter oder Heiland aller Menschen zu werden bestimmt ist. Gerade ihnen proklamiert der Engel das Kind als den Gesalbten, den Christus und den Herrn. Der Gesalbte ist der von Gott erwählte und bevollmächtigte König seines Volkes. Aber Jesus wird es auf eine ganz andere Art als die Herren dieser Welt sein; denn er wird, wie er sich in Joh 10,14-15 vorstellt, der gute Hirte sein, der sein Leben für seine Schafe läßt. Und wer an seiner himmlischen Herrlichkeit teilhaben will, muß ihm nachfolgen und darf das Leiden um seinet- und um der Gerechtigkeit willen nicht scheuen. Entsprechend heißt es in dem Advents- und Weihnachtslied »Es kommt ein Schiff geladen« in der 4. bis 6. Strophe (EG 8):

Zu Bethlehem geboren
im Stall ein Kindelein,
gibt sich für uns verloren,
gelobet muß es sein,

Und wer das Kind mit Freuden
umfangen, küssen will,
muß vorher mit ihm leiden
groß Pein und Marter viel,

danach mit ihm auch sterben
und geistlich auferstehn,
das ewig Leben erben,
wie an ihm ist geschehn.

Auf die Verkündigung der Geburt des Christus durch den Engel antwortet in der Weihnachtsgeschichte die Menge der himmlischen Heerscharen mit einem Gotteslob. Es ist dreigliedrig und lautet (Lk 2,14):

Ehre sei Gott in der Höhe
und Friede auf Erden
und den Menschen ein Wohlgefallen.

Weil wir den Kurzhymnus allzuoft gehört oder gelesen haben, verbirgt sich hinter der Bekanntheit unser Unverständnis. Die erste Zeile stellt kein Problem dar: dem in der himmlischen Höhe weilenden Gott gebührt Ehre. Und auch die zweite liest sich ohne Schwierigkeit: auf Erden soll Friede einkehren. Aber was fangen wir mit dem dritten Glied an: *»und den Menschen ein Wohlgefallen«*? Geht es darum, daß den Menschen diese Botschaft gefällt, oder werden die Menschen aufgrund des Lebens dieses Kindes Gott wohlgefällig sein? Der Kirchenvater Hieronymus hat die Bibel ins Lateinische übersetzt und damit bis zum Zeitalter der Reformation allen Völkern des Abendlandes und der ganzen römisch-katholischen Kirche bis heute eine gemeinsame lateinische Bibel, die Vulgata, gegeben. Er hat das dritte Glied mit dem zweiten zusammengezogen und so übersetzt:

et in terra pax
in hominibus bonae voluntatis
und auf der Erde Friede
in den Menschen des guten Willens.

Der durch das Versöhnungswerk Christi den Menschen von Gott geschenkte Friede wird damit vom guten Willen der Menschen abhängig gemacht.

Ehre sei Gott in der Höhe
und Friede auf Erden den Menschen,
die guten Willens sind.

Aber ein Blick in den griechischen Urtext zeigt, daß weder die Lutherbibel noch die Lateinische Bibel der ihnen unbekannten Hauptlesart gefolgt sind. Sie lautet in deutscher Übersetzung:

Ehre sei Gott in der Höhe
und Friede auf Erden
bei den Menschen seines Wohlgefallens.

Das Engelsheer preist den in der Höhe wohnenden und mithin den Menschen unerreichbaren Gott, weil er den Menschen Frieden geben will, an denen er Wohlgefallen hat. Der Grund für Gottes Wohlgefallen muß dem Anlaß gemäß mit der Geburt des als Retter der Völker gepriesenen göttlichen Kindes bzw. mit seinem Lebenswerk zusammenhängen, das ihn zum Retter oder Heiland der Menschen machen und also den Frieden zwischen Gott und den Menschen wiederherstellen wird. Weihnachten ist also das Fest, an dem die Geburt des Erlösers begangen wird, der Gott mit den Menschen versöhnt hat. Gott hat Wohlgefallen an den Menschen, die sich durch den Tod Jesu Christi mit ihm versöhnen lassen. Mithin verweist die dritte Zeile des himmlischen Lobliedes auf Jesu Kreuzigung und damit auf den Karfreitag oder Freitag des Herrn. Das letzte Wort Jesu an jenem Tage aber bestand in dem Notschrei (Ps 22,2):

Mein Gott, mein Gott,
warum hast du mich verlassen?

Wäre Jesu Tod das Letzte, was von ihm zu berichten wäre, so wäre er als einer der jungen Männer in die Geschichte eingegangen, die allzu Großes gewollt haben und deshalb an den geschichtlichen Umständen gescheitert sind. Selbst wenn er sein Leben für seine Jünger und Anhänger in den Tod gegeben hätte, hätten jene nicht gewagt, ihn als Mittler zwischen Gott und den Menschen zu verkünden. Dazu bedurfte es der Erscheinungen des Auferstandenen: Sie legitimierten sein Lebenswerk, sie bestätigten ihn als den Retter oder Erlöser, den leidenden Gottesknecht, der sein Leben für die Sünde der Vielen dahingegeben hat.

Die Geburt Jesu wäre kein weltgeschichtliches Ereignis, wäre sein in der Hingabe des Lebens gipfelndes Werk nicht Ostern durch Gott bestätigt worden. Alles, was die Evangelien von seinem Leben berichten, geschieht im Osterlicht. Gewiß gäbe es ohne Weihnachten kein Ostern, aber noch gewisser gäbe es ohne Ostern kein Weihnachten. In seiner Entrückung in die andere Welt vollendet sich sein Werk, uns Menschen mit Gott und damit mit unserem eigenen Schicksal zu versöhnen. Die Antwort, an welchen Menschen Gott Wohlgefallen hat, sei also noch einmal wiederholt: Es sind die, die sich dank der Botschaft von Jesus als dem Mittler, der den Frieden zwischen Gott und den Menschen wiederhergestellt hat, mit Gott versöhnen lassen. Damit stellt sich freilich für die Menschen der Neuzeit ein schweres Problem: Denn die Versöhnung besteht ja darin, daß der Mensch sich aus der Gewalt der Sünde erretten läßt. Die Rede von der Sünde wurde jedoch im Laufe der zurückliegenden drei Jahrhunderte durch die von der Moral ersetzt. Daher wird die biblische Rede von der Sünde moralisch mißverstanden und damit der Zugang zum Verständnis der christlichen Botschaft blockiert. Dazu kommt die Schwierigkeit, den Gedanken nachzuvollziehen, daß ein vor fast zweitausend Jahren lebender junger Jude uns Menschen durch seinen Tod erlöst und den durch die Sünde gestörten Frieden zwischen Gott und uns Menschen wiederhergestellt hat und wir durch die Annahme dieser Botschaft an seinem Erlösungswerk teilhaben.

In der Folge hat das Weihnachtsfest seine Mitte und seinen Grund verloren. Übriggeblieben sind entweder die Lichter der Weihnachtsbäume als Symbole oder Hinweise auf den Sieg des Lichtes über das Dunkel des Winters oder ganz allgemein als solche der Liebe und des Friedens, der wenigstens an diesem Abend in den Familien einkehrt, sofern sich ihre jüngeren Glieder ihr nicht entziehen, indem sie verreisen, um nicht der Sentimentalität zu verfallen. Lenken wir den Blick von den Familien mit ihren an diesem Abend aufziehenden wehmütigen Erinnerungen an die eigene Kindheit, an die längst verstorbenen Eltern und vielleicht auch Geschwister zurück in die Öffentlichkeit. Mit allen Mitteln der Technik erleuchtete Geschäfte laden zum Kauf ein: Die Erfüllung eigener Wünsche, die man sich bislang aus Sparsamkeit oder Vergeßlichkeit versagt hatte, das Besorgen von Geschenken, die teils Zeichen der echten Liebe und Zuneigung, teils Zeichen der Berechnung sind, bestimmen die Zeit vor und während der Feiertage. Und auch wenn in genau bemessenen, auf den Nachmittag des 24. und Vormittag des 25. Dezember begrenzten Stunden in Radio und Fernsehen Weihnachtslieder erklingen, erinnern die Worte des festlichen Liedes, bei dem die Organisten den Tutti-Knopf zu drücken pflegen, so daß der Freuden-

jubel der Orgel die Gemeinde zu kräftigem Gesang mit-
reißt, eher an das verlorene Paradies der Kindheit und
des Kinderglaubens, als daß sie der inneren Gewißheit des
Glaubens Ausdruck geben:

O du fröbliche,
o du selige
gnadenbringende
Weihnachtszeit!
Welt ging verloren,
Christ ist geboren:
Freue dich, freue dich,
o Christenheit.

So steht am Anfang dieses Buches die These, daß die Ker-
zen am Weihnachtsbaum Vorboten des Osterlichts sind.
Die Botschaft von der Geburt des göttlichen Kindes, das
keinen Platz in der Herberge fand, erfüllt sich darin, daß
es, groß geworden, zwar keinen Platz in dieser Welt, aber
dafür in Gottes Welt gefunden hat. An dem, der wahrhaft
gut und frei war, weil sein Gottvertrauen so groß war, daß
es sein ganzes Dasein und Sosein prägte und er selbst seine Feinde lieben konnte, entzündete und entzündet sich
der Haß derer, die sich in ihren frommen oder unfrommen
Vorstellungen und Sitten gestört fühlen. Die Gleichgültig-
keit der Reichen und Mächtigen blickt verächtlich auf solche Gottesnarren. Sollten sie ihre Kreise stören, sorgen sie
dafür, daß sie verschwinden. Wer als Moralist auf seiner inneren Distanz beharrt und sich ein Vergnügen daraus
macht, den Christen und ihrer Kirche alle Fehler vorzuhal-
ten, die sie in der Geschichte tatsächlich oder angeblich
begangen haben, fühlt sich dabei in seinem selbstgerech-
ten Moralismus bestätigt. Daß mehr und mehr Menschen
der Traurigkeit des Todes verfallen, sowie sie es nicht
mehr übersehen können, daß auch sie altern und sterblich

sind, gehört zu den Kennzeichen einer eindimensionalen Welt, die fast alles machen, fast alles organisieren kann, aber der Freiheit keinen positiven Inhalt geben und dem Leben kein Ziel setzen kann. *»Erlaubt ist, was gefällt«* ist ein altes Motto der Aufklärung. Aber die Unmündigkeit wird nicht abgeschafft, wenn sie statt durch Menschen durch Strukturen bewirkt wird.

Es sei darauf verzichtet, Gemälde von der Selbstzerstörung einer eindimensionalen Welt zu entwerfen. Schlössen die Kirchen ihre Tore und verstummten ihre Glocken, erlösche das letzte Wissen um Gott und verlören sich die Menschen an eine Welt des nützlichen Machens und Planens, so würde das Klima zwischen den Menschen jedenfalls kälter. Daher geht es auf den folgenden Seiten darum, die Grundfragen des christlichen Glaubens in sorgfältigem Lesen der Evangelien zu beantworten, wer Jesus von Nazareth war, wo und wann er lebte, warum er einen Kreis von Jüngern um sich sammelte, welchen Inhalt seine Botschaft hatte, wie er sie übermittelte und wie er zu beten lehrte und warum und wie sein Leben auf so schreckliche Weise endete. Dabei wird sich zeigen, daß alle gelehrte Kunst nicht ausreicht, eindeutig die Züge des irdischen Jesus von denen des erhöhten Christus zu unterscheiden. Die Evangelien berichten von Jesu Leben im Osterlicht. Es wird sich in den fünf folgenden Kapiteln nicht um fromme Nacherzählungen, sondern um Analysen handeln, die sich der historisch-kritischen Methode der Altertumsforschung bedienen und zusätzlich die Frage nach der Bedeutung der Texte als Auslegung des menschlichen Daseins stellen und beantworten. So wie unsere Glaubensväter und Mütter die Bibel frommen Herzens auf ihr eigenes Leben, auf ihre Existenz, bezogen haben, fragen wir methodisch nach ihrer Auslegung der menschlichen Existenz überhaupt. Man nennt das in der Fachsprache existentiale Interpretation. Der nach dem Leben und Wirken Jesu fragende Teil findet seinen natürlichen Abschluß in dem Bedenken der hinter den Osterberichten stehenden Wirklichkeit. Wenn es deutlich geworden ist, warum der irdische Jesus nur von dem Auferstandenen her und der Auferstandene nur von dem irdischen Jesus her verstanden werden kann, sind wir hineichend vorbereitet, um abschließend die Frage zu stellen, ob die Botschaft von Jesus als dem Mittler, der den Frieden zwischen Gott und den Menschen hergestellt hat, auch von uns noch verstanden werden kann; wie wir zum Glauben an den Auferstandenen und das eigene ewige Leben gelangen können und warum er den Frieden mit unserem endlichen Schicksal einschließt, so daß wir Weihnachten im Osterlicht feiern können.

II Die Voraussetzungen des Wirkens Jesu

1. DIE EVANGELIEN, IHRE EIGENART UND IHRE BOTSCHAFT

Ehe wir auf Jesu von seinen Jüngern und seiner Kirche durch die Jahrhunderte bestätigten Anspruch zu sprechen kommen, der Erlöser der Menschen von ihrer Sündenschuld zu sein, müssen wir uns seinen Lebensweg, sein Wollen und Wirken in den Grenzen vergegenwärtigen, die uns durch die vier Evangelien des Neuen Testaments als den einzigen uns dafür vorliegenden Quellen abgesteckt sind. Von ihnen ist das Markusevangelium das älteste. Nach altkirchlicher Tradition soll Markus ein Helfer des Apostels Petrus gewesen sein und das Buch nach dessen Martyrium 65 n. Chr. in Rom verfaßt haben. Aber vermutlich kann man diese Angabe dahingehend präzisieren, daß es kurz nach der Zerstörung Jerusalems 70 n. Chr. verfaßt worden ist, um die Kirche vor billigem Triumph zu bewahren und auf ihre eigene Passion vorzubereiten. Vor allem aber stellte sie den Missionaren geeignete Predigttexte zur Verfügung. Das einem vornehmen Griechen namens Theophilos gewidmete Doppelwerk des Lukasevangeliums und der Apostelgeschichte soll der Überlieferung nach von Lukas, dem Arzt und Reisebegleiter des Paulus, stammen und in Griechenland verfaßt worden sein. Seine Entstehung ist jedenfalls nach der Zerstörung Jerusalems zwischen 75 und 85 n. Chr. anzusetzen. Es will die junge Kirche ihrer geschichtlichen Wurzeln vergewissern. Das unter dem Namen des Matthäus umlaufende Evangelium stammt von einem unbekannten judenchristlichen Schriftgelehrten und ist zwischen 90 und 100 n. Chr. im Blick auf das sich formierende rabbinische Judentum im südpalästinisch-syrischen Raum entstanden. Es ist als eine Art Handbuch für die Katecheten gedacht, denen der Taufunterricht oblag. Das Johannesevangelium hat man Ende des 2. Jahrhunderts n. Chr. Johannes, dem Sohn des Zebedäus, zugewiesen (Mk 1,19), doch liegt dabei wohl eine Verwechslung mit dem Presbyter Johannes vor, der in der altkirchlichen Überlieferung ebenfalls als ein Jünger Jesu bezeichnet wird (Eus.hist.ecc.III.39.4). Er dürfte aus der Jerusalemer Aristokratie stammen (Joh 18,15) und in Ephesus gewirkt haben. Das vierte Evangelium ist vermutlich ebenfalls noch im 1. Jahrhundert n. Chr. entstanden. Es liegt ausweislich seines doppelten Schlusses in Joh 20,30-31 und 21,25 in mindestens einer jüngeren, dem 2. Jahrhundert angehörenden Rezension vor. Es setzt in seiner Grundschrift eine Vorlage voraus, die in mancher Beziehung mit der des Lukasevangeliums identisch war. Es sucht die Einheit Gottes zu wahren, indem es den Sohn mit dem Vater in eins setzt. Damit wehrt es den Vorwurf ab, daß die Christen keine echten Monotheisten seien (Joh 10,30). Die Evangelien sind keine

Biographien im antiken oder modernen Sinne, sondern Bücher, die aus dem Glauben an Jesus als den Erlöser der Welt verfaßt worden sind und ihre Adressaten zu diesem Glauben aufrufen und ihn stärken wollen. Sie wurden sämtlich Jahrzehnte nach den berichteten Ereignissen verfaßt. Ihre Vorlagen, zu denen auch eine Spruchsammlung gehörte, berichteten über das Wirken des irdischen Jesus im Lichte des Osterglaubens und paßten sich dabei den inneren und äußeren Bedingungen der Gemeinden an. Daher läßt sich aus ihnen das Leben Jesu als Ganzes nicht mehr rekonstruieren, wohl aber die Eigenart seiner Botschaft und seines Wirkens bis zu seinem Tode entnehmen. Doch selbst in dieser Beziehung gehen die Ansichten der Gelehrten oft weit auseinander. Andererseits gibt es Grundeinstellungen gegenüber Gott und Welt und also auch entsprechende Berichte über Jesu Wirken, die keiner Bearbeitung bedurften, weil sie zu allen Zeiten gültig waren und sind. Man kann sich das an dem bekannten Gleichnis von dem Sämann verdeutlichen, dessen Same teils auf den Weg, teils auf Felsboden, teils unter Dornen und teils auf guten Ackerboden fiel, wobei nur dieser reichliche Frucht brachte (Mk 4,3-9; Lk 8,4-8; Mt 13,1-9). Dem dreifachen Verlust an Saat entspricht der dreifache Gewinn. So verhält es sich also mit dem Reich Gottes: Trotz des scheinbar vergeblichen Wirkens seiner Boten kommt es doch mit Herrlichkeit. Das war den Jüngern zum Trost gesagt und läßt sich auch heute noch in diesem Sinne lesen und aneignen. An dieses Gleichnis ist in urchristlichen Kreisen eine allegorische Deutung angehängt, in der jeder der unterschiedlichen Böden eine Gruppe der Hörer der Botschaft Jesu und der von Jesus als dem Christus bezeichnet. Obwohl die Landwirtschaft heute andere Methoden bei Saat und Ernte einsetzt, erfordert das Gleichnis nur wenige Hinweise auf die vorneuzeitliche Feldbestellung, um auch heute noch verständlich zu sein. Ebenso läßt sich die angeschlossene Allegorie noch immer auf die Hörer des Evangeliums beziehen.

Da das erste und das dritte Evangelium sich in ihrer Anordnung der Überlieferungen am Markusevangelium orientieren, pflegt man alle drei Evangelisten als Synoptiker zu bezeichnen; denn ihre Texte lassen sich in einer Synopse, einer vergleichenden Überschau, nebeneinander stellen. Großzügig gegliedert, enthält das Markusevangelium drei Teile: Der erste reicht von Jesu Taufe bis zur Heilung des Blinden in Bethsaida (Mk 1,1-8,26). In ihm berichtet der Evangelist von Jesu Krankenheilungen und Dämonenaustreibungen, der Berufung und den gemeinsamen Wanderungen mit den Jüngern zumal am Nordende des Sees Genezareth, seinen Gleichnissen vom Kommen des Reiches Gottes und der erfolgreichen Aussendung der Jünger. Der zweite Teil führt vom Petrusbekenntnis und der ersten Leidensweissagung bis zu Jesu Aufenthalt in Jerusalem und enthält neben Gemeinde- und Jüngerbelehrungen in 8,37-10,45 den Bericht von Jesu Einzug in Jerusalem, seinem Auftreten im Tempel und den letzten Streitgesprächen über seine Vollmacht sowie eine große Rede über die bevorstehende Zerstörung Jerusalems und das Kommen des Endes der Welt. Dieser bericht umfaßt die c. 10,46-13,37. Den dritten und letzten Teil bildet die eigentliche Leidens- und knappe Ostergeschichte (Mk 14,1-16,8 nebst dem sekundären Schluß 16,9-20). Vergleicht man die drei Evangelien, so fällt auf, daß das Lukas- und das Matthäusevangelium neben dem mit Markus übereinstimmenden Grundbestand einerseits auf eine ihnen vorliegende Sammlung von Jesusworten und andererseits auf ein je spezifisches Sondergut zurückgreifen konnten. Zu ihm gehört auch die jeweils eigentümliche Vorgeschichte Jesu (Lk 1,5-2,52; Mt 1,1-2,23). Alle drei Evangelien durchzieht wie ein roter Faden die Anfeindung Jesu und seiner Jünger durch die Pharisäer und Schriftgelehrten, die schließlich zu dem Entschluß des

Hohen Rats führt, ihn als einen Ruhe und Ordnung gefährdenden Pseudomessias den Römern zur Hinrichtung auszuliefern. Das Bekenntnis des Centurios, des römischen Hauptmanns unter dem Kreuz: »Dieser Mensch war in Wahrheit Gottes Sohn!« in Mk 15,39 (als Gruppenaussage übernommen in Mt 27,54 und in Lk 23,48 zu der Unschuldserklärung abgemildert, daß Jesus wirklich ein Gerechter gewesen sei) bildet den Zielpunkt des Markusevangeliums. Die Leser/Hörer sollen zu der Erkenntnis geführt werden, daß hier nicht von dem Leben und Sterben irgendeines frommen Menschen die Rede ist, sondern des Sohnes Gottes, der als solcher als der letzte Bußprediger angesichts des bevorstehenden Endgerichts gewirkt, sein Leben als Sühnopfer für viele dahingegeben und in seinen Jüngern und Anhängerinnen den Kern einer Gemeinde gesammelt hat, die über seinen Tod hinaus im Abendmahl mit ihm vereint ist und darauf wartet, daß sich der Leser ihr anschließt. Das Johannesevangelium hat die ihm vorgegebene Jesusüberlieferung radikal im Lichte des Osterglaubens umgestaltet, so daß sich seine Darstellung historisch nur mit größter Vorsicht auswerten läßt. Die wenigen Nachrichten über Jesus bei den antiken Historikern des 1. und 2. Jahrhunderts n. Chr. bringen nichts Neues. Daher müssen alle Versuche, eine Biographie Jesu zu verfassen, scheitern. Der Historiker muß sich damit begnügen, die Umrisse seines Lebens zu skizzieren, die Eigenart seines Wirkens und den Inhalt seiner Reden darzustellen, um aus ihm auf seine Sendungsgewißheit zurückzuschließen. Mit dieser Rekonstruktion wollen wir erst beginnen, nachdem wir knapp den politischen und den religiösen Hintergrund seines Wirkens ausgeleuchtet und seinen Vorläufer, Johannes den Täufer, vorgestellt haben.

2. DIE POLITISCHE SITUATION DER JUDEN
   IN PALÄSTINA ZUR ZEIT JESU

Jesus lebte und wirkte zu einer Zeit, in der sich nicht nur bei den damals von den Römern beherrschten Juden, sondern auch bei anderen ihrer Freiheit beraubten Völkern die Erwartung einer Weltenwende verbreitet hatte. Unter den Juden war sie freilich besonders brennend. Das rund 120 Jahre während Zwischenspiel, in dem sie unter den Priesterfürsten und Priesterkönigen aus dem Geschlecht der Hasmonäer nach dreieinhalb Jahrhunderten der Fremdherrschaft noch einmal in einem freien Staat leben konnten, hatte mit der Eroberung Jerusalems durch den römischen Feldherrn Pompejus im Jahre 63 v. Chr. ein jähes Ende gefunden. Aus dem Königreich wurde ein in die syrische Provinz eingegliederter Priesterstaat. Mit der Herrschaft Herodes des Großen, der dank römischer Gunst zum König von Groß-Juda aufgestiegen war und vom Jahre 37 bis zum Jahre 4 vor Christi Geburt regierte, hatten sich die Juden kaum anfreunden können. Da er einem judaisierten Aristokratengeschlecht aus Edom entstammte, war er ihnen schon verdächtig. Familienzwiste, die angesichts der aus sieben Ehen stammenden Söhne und Töchter nicht ausbleiben konnten und ihn angesichts ihrer vermuteten oder tatsächlichen Machenschaften, sich die Thronfolge zu sichern, bis unmittelbar vor seinem Tode dazu veranlaßten, etliche aus dem Wege räumen zu lassen, hatten ihm in seinem Volk den Vorwurf der Grausamkeit eingetragen. Die großartigen Bauten, mit denen er die Städte seines Reiches und zumal Jerusalem – einen prunkvollen Umbau des Tempels eingeschlossen – geschmückt hatte, erwärmten die Herzen der Juden nicht, zumal sie ihm die großzügigen Geschenke an heidnische Städte verargten. Daran änderte nichts, daß Herodes sein Land mit geschickter Hand durch die Wirren der Zeit des Umbruchs der römischen Senats- zur Kaiserherrschaft gesteuert, dem Land eine Friedenszeit und wirtschaftliche Blüte sowie den Juden in den Nachbarländern durch seinen Schutz und Einfluß die Freiheit ihrer Religionsausübung gesichert hatte. So hat sich ihre Abneigung, ja ihr Haß auf die christliche Urgemeinde vererbt, die aus dem Mörder seiner eigenen Söhne den nach dem Leben des künftigen Messias trachtenden Kindermörder in Bethlehem machten (Mt 2).

Nach seinem Tode begaben sich nicht nur die erbberechtigten Angehörigen seines Hauses, sondern auch eine jüdische Delegation zum Kaiser Augustus nach Rom. Während die einen darum baten, der Kaiser möge das Testament ihres Vaters bestätigen und sie in die ihnen zugedachten Herrschaften einsetzen, bat die andere im Gegenteil darum, das Testament zu verwerfen und das ganze Reich des Herodes in eine römische Provinz zu verwandeln, in der ein Statthalter die kaiserlichen Interessen wahrnehmen und Ruhe und Ordnung im Innern des Landes garantieren sollte. Aber Augustus entschied sich zugunsten des letzten von Herodes aufgesetzten Testaments.

So wurde an erster Stelle Archelaos nicht ohne Zögern als König über Juda, Samaria und Idumäa bestätigt. Er wurde jedoch bereits im Jahre 6 n. Chr. wegen seines brutalen Regiments abgesetzt und sein Reich nun doch in eine Provinz umgewandelt und einem Statthalter unterstellt. Der residierte in dem von Herodes erbauten Palast in Caesarea Maritima, um nur zu besonderen Anlässen nach Jerusalem zu ziehen, während eine Kohorte seiner Söldner dauerhaft in der unmittelbar an der Nordwestecke des Tempelbezirks angrenzenden Burg Antonia lag, um für Ruhe und Ordnung in der Stadt und zumal im Tempelbereich zu sorgen. Für die Innenpolitik einschließlich der Rechtsprechung über die Juden im Lande und alle Religionsangelegenheiten blieben der Hohepriester und der sich zumal aus Angehörigen der Oberschicht zusammensetzende »Hohe Rat«, das Synhedrium, verantwortlich. Dabei durften Todesurteile nur vom Statthalter verhängt und von seinen Söldnern vollzogen werden.

Den Norden und einen Landstreifen östlich der Jordans und des Toten Meeres erhielt Herodes Antipas als sogenannter Tetrarch oder Vierfürst. Er entstammte wie sein Bruder Archelaos der vierten Ehe seines Vaters mit der Samaritanerin Malthake und regierte von 4 v. bis 39 n. Chr. Er war mit einer Tochter des arabischen Königs Aretas IV. verheiratet. Während er in Rom auf die Bestätigung seiner Herrschaft durch den Kaiser Augustus wartete, gelang es Herodias, der ehrgeizigen Tochter des von Herodes hingerichteten Prinzen Aristobul, den Tetrarchen für sich zu gewinnen, so daß er sie heiratete, weil sie sich an seinem Hofe mehr Glanz und Einfluß versprach als neben ihrem bisherigen Gemahl, dem Prinzen Herodes und Sohn Herodes des Großen von dessen fünfter Frau Kleopatra, der ohne allen politischen Ehrgeiz in Rom privatisierte. Sie brachte nicht nur ihre Tochter Salome in ihre neue Ehe ein, sondern ihrem Mann außerdem einen Krieg mit dem durch die Verstoßung seiner Tochter beleidigten arabischen König Aretas und nach der uns hier beschäftigenden Zeit den Verlust seines Thrones, weil sie ihn bewog, bei dem Kaiser Gaius Caesar, genannt Caligula, um die Verleihung der Königswürde nachzusuchen, wie er sie ihrem Bruder Agrippa nach dem Tod des Tetrarchen Philipp verliehen hatte; denn der Kaiser verbannte das ehrgeizige Paar daraufhin nach Lugdunum, das heutige Lyon. Die Synoptiker schieben ihr auch die Schuld an der Hinrichtung Johannes des Täufers zu.

Um das Bild der politischen Landschaft abzurunden, sei noch erwähnt, daß der Bruder des privatisierenden Prinzen Herodes namens Herodes Philippus als Tetrarch den Nordosten des Landes zugewiesen bekam. Er war ohne sonderlichen Ehrgeiz und begnügte sich damit, sein Land gut zu regieren. Dabei baute er das alte, an den Jordanquellen gelegene Paneas zur Stadt Caesarea Philippi aus, auf deren Gebiet sich Petrus nach Mk 8,29-30 (Lk 9,18-21; Mt 16,15-18) zu Jesus als dem Messias bekannt haben soll. In ähnlicher Weise wandelte Philippus auch den an der Südostspitze des Sees Genezareth gelegenen Fischerort Bethsaida in eine Stadt um, die er zu Ehren der Tochter des Kaisers Augustus Julia in Julias umbenannte.

3. DIE RELIGIÖSE SITUATION DER JUDEN
   IN PALÄSTINA ZUR ZEIT JESU

War Palästina auf diese Weise im großen und ganzen politisch beruhigt und innen- wie außerpolitisch gesichert, so waren seine jüdischen Gebiete doch voller religiöser Spannungen, die vor allem durch den Glauben bestimmter Gruppierungen an das nahe bevorstehende Weltgericht ausgelöst wurden. Um das zu verstehen, müssen wir einen Blick auf die vier jüdischen Religionsparteien werfen, die sich zwischen der Mitte des 2. Jahrhunderts v. und dem Jahr 7 n. Chr. herausgebildet haben. An erster Stelle ist die konservative, sich aus Mitgliedern der zumal priesterlichen Oberschicht zusammensetzende Partei der Sadduzäer zu nennen, die am Gehorsam gegen die Tora festhielten, keine weiteren religiösen Satzungen anerkannten und davon überzeugt waren, daß jeder Mensch durch sein Verhalten sein Geschick bestimme und es kein jüngstes Gericht und Leben nach dem Tode gäbe. Politisch waren sie, wie es sich bei einer besitzenden Schicht leicht erklärt, vor allem an der Aufrechterhaltung von Ruhe und Ordnung im Lande und mithin einem möglichst reibungslosen Zusammenwirken mit der römischen Besatzungsmacht interessiert. Daneben aber gab es zwei weitere Zusammenschlüsse von Frommen, die Essener und die Pharisäer, die beide davon überzeugt waren, daß die Endzeit gekommen sei. Beide

Religionsparteien hatten sich in der Mitte des 2. Jahrhunderts v. Chr. gebildet. Von ihnen verstanden sich die Essener als das wahre Israel, so daß sie ihre Mitglieder verpflichteten, die ganze Tora einschließlich der für die Priester erlassenen Reinheitsvorschriften zu halten (vgl. Ex 19,6). So heißt es in ihrer Gemeinderegel (1 QS V.7-9):

Jeder, der in den Rat der Gemeinschaft kommt, 8 soll in den Bund Gottes eintreten in Gegenwart aller, die sich als willig erwiesen haben. Und er soll sich durch einen bindenden Eid verpflichten umzukehren zum Gesetz Moses gemäß allem, was er befohlen hat, von ganzem 9 Herzen und ganzer Seele, zu allem, was von ihm offenbart ist den Söhnen Zadoqs, den Priestern, die den Bund wahren und seinen Willen erforschen, und der Menge der Männer ihres Bundes, 10 …sich abzusondern von allen Männern des Frevels, die auf 11 gottlosem Wege wandeln; denn sie werden nicht zu seinem Bund gerechnet.

Mit ihrem Gehorsam wollten sie als die »Gemeinschaft Israels« *»die Schuld der Übertretung und die Tat der Sünde im Lande mehr als Fleisch von Brandopfern und Fett von Schlachtopfern«* sühnen (1QS IX. 6). Darüber hinaus wußten sie sich schon jetzt als Teilnehmer an dem Kampf zwischen den Kindern des Lichts und den Kindern der Finsternis und damit in dem bevorstehenden Endkampf gegen das römische Weltreich auf der richtigen Seite.

Von den Essenern hatten sich die Pharisäer abgetrennt und sich die Aufgabe gestellt, dem unwissenden Volk als Gesetzeslehrer zur Seite zu stehen und damit Gott zu der Erlösung seines Volkes zu bewegen, die er an seine Umkehr und seinen Gehorsam gegen seine Weisung gebunden hatte (Dtn 30,1-8). Daher war jede öffentliche Gebotsübertretung für sie ein Greuel und wer sie vornahm oder duldete, ein Frevler. Einen eigenen Berufsstand bildeten die »Schreiber« oder »Schriftgelehrten«, die nicht nur als Experten in allen weltlichen Angelegenheiten, sondern auch als gründliche Kenner der heiligen Schriften galten (Sir 38,24-39,11). Daher ist es verständlich, daß die Pharisäer und die Schriftgelehrten an Jesu und seiner Jünger Freiheit im Umgang mit dem Sabbatgebot, seiner Aufnahme von Zöllnern und Huren in seine Mahlgemeinschaft und (nach Ostern) an der dem Auferstandenen zugeschriebenen Vollmacht, Sünden zu vergeben, Anstoß genommen haben. Als ein Beispiel für das Selbstverständnis der Pharisäer sei ein in ihren Reihen entstandener Psalm zitiert (PsSal 14):

1 Treu ist der Herr denen, die die Wahrheit lieben,
denen, die geduldig seine Züchtigung ertragen;
2 die in der Gerechtigkeit seiner Gebote wandeln,
in dem Gesetz, das er uns befahl zu unserem Leben.
3 Die Frommen des Herrn werden durch es
                                    in Ewigkeit leben,
der Lustgarten des Herrn, die Bäume des Lebens,
                                    seine Frommen.
4 Ihre Pflanzung ist verwurzelt für die Ewigkeit,
sie werden nicht ausgerissen alle Tage des Himmels.
5 Denn Israel ist der Teil und das Erbe Gottes.

6 Aber nicht so die Sünder und die Gesetzlosen,
die den Tag in der Bindung an ihre Sünde lieben.
7 Nach niedriger Fäulnis (steht) ihr Verlangen,
und sie gedenken Gottes nicht.
8 Doch die Wege der Menschen sind ihm allzeit bekannt,
und er kennt die Kammern des Herzens, ehe sie wurden.
9 Daher (ist) ihr Erbe Unterwelt, Finsternis und Verderben,
10 aber die Frommen des Herrn erben ein Leben in Freuden.

In einem ebenfalls in ihren Kreisen entstandenen Gebet um das Kommen des Messias bekennen sich die Beter, wie es sich ziemt, zuerst zu Gott dem Herrn als ihrem König (PsSal 17,1-3):

1 Herr, du selbst bist unser König für immer und ewig,
ja, in dir, Herr, rühmt sich unsere Seele.
2 Und was ist die Zeit eines Menschen auf Erden?
Seiner Zeit gemäß ist seine Hoffnung auf sie.
3 Wir aber hoffen auf Gott, unsren Retter,
denn die Stärke unseres Gottes währt ewig
mit Barmherzigkeit
und das Königtum unseres Gottes in Ewigkeit
über die Heiden mit Gericht.

Dann aber wendet sich ein Vorbeter an den ewigen Gott, ihnen den Sohn Davids als Erlöser zu senden, damit er die fremden, sündigen Könige und ihre Helfer aus dem Lande verjagen und dann das heilige Volk richten und dafür sorgen kann, daß in ihm künftig nie mehr ein Unrecht geschieht und kein Sünder (d. h. Heide) in ihrer Mitte lebt (PsSal 17, 21-27):

21 Siehe her, Herr, und richte ihnen ihren König auf,
den Sohn Davids,
zu der Zeit, die du, Gott, für dein Erbarmen erwählt hast,
damit er über Israel, deinen Knecht, herrsche.
22 Und umgürte ihn mit Stärke, ungerechte Fürsten
zu zerschmettern,
Jerusalem von den Heiden zu reinigen,
die vernichtend zertreten,
23 in Weisheit und in Gerechtigkeit die Sünder
aus dem Erbe zu treiben,
zu zerschlagen den Übermut des Sünders
wie des Töpfers Geschirr,
24 mit eisernem Stab all ihren Beistand zu zerschlagen,
zu vernichten frevelnde Völker durch das Wort seines Mundes,

25 damit bei seinem Drohen Völker vor seinem

> *Angesicht fliehen,*

und die Sünder zu züchtigen ob ihres Herzens Gedanken.

26 Dann wird er versammeln ein heiliges Volk

> *und in Gerechtigkeit leiten*

und wird die Stämme des von Gott dem Herrn

> *geheiligten Volkes richten.*

27 Und wird nicht gestatten, daß ferner Unrecht

> *in seiner Mitte wohne,*

und niemand darf bei ihnen wohnen, der um Böses weiß,

denn er wird sie kennen, daß sie alle Gottes Kinder sind.

Schon zu Jesu Lebzeiten bestand daneben eine vierte Gruppe, die sich in ihrer Gesetzestreue und ihrer der Erlösung Israels geltenden Erwartung nicht von den Pharisäern unterschied, aber in ihrem unbändigen Freiheitswillen nicht abwarten wollte, bis Gott sein Volk erlöste, sondern den unausweichlichen Endkampf mit Terrorakten gegen die römische Besatzung in Gang zu bringen suchte. Die ihr angehörten, nannten sich die »Eiferer« oder Zeloten. Ihre ersten Vertreter, Judas von Gamala aus der Gaulanitis, den heutigen Golanhöhen, und Zaddok, der Pharisäer, empörten sich im Jahr 7 n. Chr. gegen den von Quirinius durchgeführten Census (Lk 2,1-2) als einen Akt der Erniedrigung eines Volkes zu Sklaven, das niemanden als allein Gott als seinen Herren anerkennt. Es gelang dieser Gruppe in den Jahrzehnten bis zum Ausbruch des Jüdischen Aufstands (66-70), immer mehr Anhänger zu gewinnen. Sie haben schließlich in dem belagerten und eingeschlossenen Jerusalem eine Schreckensherrschaft ausgeübt und vergeblich auf Gottes Rettung gewartet. Wenn Lukas den in der Jüngerliste der beiden anderen »Synoptiker« als Simon der Kananäer aufgelisteten als Simon den Zeloten, und d. h. den Eiferer, bezeichnet, so weist er damit wohl nicht auf dessen ehemalige Zugehörigkeit zu den Zeloten hin, sondern übersetzt damit lediglich den ihn charakterisierenden Beinamen aus dem Hebräischen ins Griechische (vgl. Lk 6,15; Apg 1,13 mit Mk 3,18 und Mt 10,4).

4. DIE BIBLISCHEN WURZELN DES GLAUBENS
   AN DAS ENDGERICHT
   UND AN DEN ERLÖSER ISRAELS UND DER VÖLKER

Die Ursprünge der Überzeugung, in der Endzeit zu leben, und die Erwartung eines Erlösers und Richters in einem letzten Gericht als Vorspiel des Anbruchs der Herrschaft Gottes auf Erden liegen in den biblischen Prophetenbüchern und im Danielbuch. Die Weissagungen der Propheten, die dem kleinen jüdischen Volk das Erstehen eines Gesalbten (Messias) aus Davids Geschlecht verheißen, der das Joch der Fremdherrschaft mit Gottes Hilfe zerbrechen und ihm seine Würde als dem auserwählten Volk und damit den Vorrang unter allen Völkern herstellen werde, bildeten gleichsam das geistige Fundament der in den oben genannten Gruppen unterschiedlich akzentuierten Vorstellungen von den letzten Dingen (vgl. vor allem Jes 9,1-6; 11,1-12; 2,1-5 par Mich 4,1-5). Dazu kamen unter den Namen von Gestalten der Urzeit ausgegebene Offenbarungsbücher, von denen nur das Danielbuch in die Bibel gelangt ist, während die anderen nur durch sie enthaltende Bibelhandschriften und jetzt auch durch Textfunde bekannt sind, die nach dem Ende des 2. Weltkriegs in der Wüste Juda und hier zumal in den Höhlen bei Chirbet Qumran gefunden worden sind. Diese Ruinenstätte liegt südwestlich der Südspitze des Toten Meeres am Rande des Judäischen Gebirges und bildete ein Zentrum der Essener, bis es im Sommer 68 v. Chr. durch römische Truppen zerstört wurde, die das aufständische Umland von Jerusalem besetzten. Als die Essener von deren Anrücken hörten, versteckten sie mit zunehmender Hast die Buchrollen ihrer Bibliothek in den umliegenden 11 Höhlen (1Q-11Q).

Im Buch Daniel ist es vor allem das siebente Kapitel, in dem in geheimnisvollen Worten vom Jüngsten Gericht und von der Übergabe der Herrschaft an den Menschensohn die Rede ist. Da diese biblischen Vorstellungen Jesus (wie wir alsbald erkennen werden) besonders beeinflußt zu haben scheinen, seien sie hier zitiert. So heißt es in Dan 7,9-10:

9 Ich schaute, bis daß Throne aufgestellt wurden und der Uralte an Tagen sich setzte. Sein Gewand war weiß wie Schnee und das Haar seines Hauptes wie reine Wolle und sein Thron wie Flammen des Feuers und dessen Räder brennendes Feuer. 10 Ein Strom von Feuer ergoß sich und ging von ihm aus. Tausendmal tausend dienten ihm und zehntausendmal zehntausend standen vor ihm. Das Gericht setzte sich, und die Bücher wurden geöffnet.

Über das Alter der Bilderreden I Hen 38-71 gehen die Urteile der Gelehrten weit auseinander. Da jedoch kein zwingender Grund besteht, sie als nachchristlich einzuordnen, seien hier zwei Texte aus ihnen über den Menschensohn bzw. das Jüngste Gericht zitiert. In I Hen 46 erblickt der Seher bei dem Uralten an Tagen einen den Engeln gleichen Menschen. Den stellt ein Engel Henoch so vor (I Hen 46,4-5):

4 Dieser Menschensohn, den du gesehen hast, wird die Könige und die Mächtigen von ihren Lagern und die Starken von ihren Thronen sich erheben machen; er wird die Zügel der Starken lösen und die Zähne der Sünder zermalmen. 5 Er wird die Könige von ihren Thronen und aus ihren Königreichen verstoßen, weil sie ihn nicht erheben, noch preisen, oder dankbar anerkennen, woher ihnen das Königtum verliehen worden ist. 6 Er wird das Angesicht der Starken verstoßen und Schamröte wird sie erfüllen. Finsternis wird ihre Wohnung und Gewürm ihre Lagerstätte sein; sie dürfen nicht hoffen, daß sie sich von ihren Lagerstätten erheben, weil sie den Namen des Herrn der Geister nicht erheben.

Und von dem Gericht am Ende der Tage heißt es in I Hen 51,1-4:

1 In jenen Tagen wird die Erde die, welche in ihr angesammelt sind, zurückgeben, und auch die Unterwelt wird wiedergeben, was sie empfangen hat, und der Ort des Verderbens wird, was er schuldet, herausgeben. 2 Er [der messianische Richter] wird die Gerechten und Heiligen unter ihnen auswählen, denn der Tag ihrer Erlösung ist nahe. 3 Der Auserwählte wird in jenen Tagen auf seinem Thron sitzen, und alle Geheimnisse der Weisheit werden aus den Gedanken seines Mundes hervorkommen, denn der Herr der Geister hat es ihm verliehen und hat ihn verherrlicht. 4 ... Alle werden Engel im Himmel werden. Ihr Antlitz wird vor Freude leuchten, weil in jenen Tagen der Auserwählte sich erhoben hat, die Erde wird sich freuen, die Gerechten werden auf ihr wohnen, und die Auserwählten werden auf ihr gehen und wandeln.

Im Hintergrund dieser endzeitlichen Erwartungen von dem kommenden Messias/ Menschensohn als Richter der Welt steht Daniel 7,13-14:

13 Und ich schaute in nächtlichen Gesichten: Und siehe, mit den Wolken des Himmels kam einer, der war wie ein Menschensohn, und er gelangte bis zu dem Uralten an Tagen, und man ließ ihn vor ihn geführt. 14 Und ihm wurde die Herrschaft gegeben und Ehre und Königtum, und alle Völker, Nationen und Zungen dienten ihm. Seine Herr-

schaft ist eine ewige Herrschaft, die nicht enden wird, und sein Königtum eines, das nicht aufhört.

Wie ein kleines Kompendium der letzten Dinge nehmen sich die drei einleitenden Verse des zwölften und letzten Kapitels des Danielbuches aus, in denen V.1 von dem Erzengel Michael als dem Vorkämpfer Israels in einer Notzeit spricht, wie sie nie zuvor geherrscht hat, während die V.2 und 3 von der unterschiedlichen Zukunft der Toten handeln (Dan 12,1-3):

1 Und in jener Zeit wird sich Michael, der große Fürst (der Engel), erheben, der den Söhnen deines Volkes beisteht. Dann wird es eine Notzeit geben, wie es sie nicht gegeben hat, seit es Völker gibt, bis auf jene Zeit; aber dein Volk wird gerettet werden, jeder, der sich im Buch aufgeschrieben findet. 2 Dann werden viele von denen, die im Staub der Erde schlafen, erwachen, die einen zum ewigen Leben und die anderen zu ewiger Schmach und Schande. 3 Aber die Unterweiser (die Lehrer der Frommen) werden glänzen wie der Glanz der Himmelsfeste und die viele zu Gerechtigkeit geführt haben wie die Sterne für immer und ewig.

Es fehlte in den geheimen Offenbarungsschriften nicht an phantastischen Ausschmückungen des Endkampfes zwischen dem kleinen Heer der Frommen gegen das gewaltige Heer des römischen Kaisers. In dem in Qumran gefundenen »Buch der Kriege Jahwes« wird verheißen, daß der Erzengel Michael mit den Heiligen des Höchsten eingreifen werde, um dem Volk der Heiligen des Höchsten im Kampf mit dem König der Kittäer, und das heißt inzwischen: mit dem römischen Kaiser, den Sieg zu verleihen (Dan 7,26-28; 12,1-3; vgl. 1QM XIV4-9; XV 1-2 mit Dan 7,26-28; 12,1-3). – Aber über diesen späten Offenbarungsschriften dürfen wir mit Blick auf Jesu Verständnis seiner

Sendung die Weissagung von dem leidenden Gottesknecht (Jes 52,13-53,12) nicht vergessen. Sie enthält in 53,1-6 ein Danklied der Könige und Völker, in dem sie bekennen, daß der von ihnen verkannte und von den Menschen verlassene Schmerzensmann um ihrer Sünden willen gelitten habe und zu ihrem Heile gezüchtigt worden sei (V.4-6):

4 Fürwahr, unsre Krankheit, er hat sie getragen,
und unsre Schmerzen, er lud sie auf.
Wir aber hielten ihn für getroffen,
geschlagen und erniedrigt von Gott,
5 Doch er ward durchbohrt ob unsrer Sünde,
ob unsrer Schuld ward er zerschlagen.
Zu unserem Heile ward er gezüchtigt,
durch seine Wunden sind wir geheilt.
6 Wir gingen alle wie Schafe irre,
wir wandten uns, jeder auf seinen Pfad.
Doch der Herr ließ ihn treffen
die Verschuldung von uns allen.

In dem anschließenden Bericht über seine Leiden in den V.7-9 heißt es in V.9, daß man ihm unter Gottlosen sein Grab gegeben habe, obwohl kein Falsch in seinem Munde war. Dann aber wechseln Zeitstufe und Perspektive, und wir erfahren aus dem mit V.10 einsetzenden Prophetenwort, daß der so geplagte für seine Mühsal durch ein heilvolles langes Leben und zahlreiche Nachkommen entschädigt werde. In V11b ergreift dann Gott selbst das Wort und bestätigt, daß sein Knecht als der Gerechte viele gerecht machen und ihre Schuld tragen werde (Jes 53,10-11):

10 Aber dem Herrn gefällt es, ihn zu zerschlagen,
wenn er sein Leben zum Schuldopfer gibt,
wird er Nachkommen sehen und lange leben
und der Plan des Herrn durch ihn gelingen:

11 Ob seiner Mühsal soll er Licht erblicken
und satt an seiner Erkenntnis werden:
»Gerecht macht mein Knecht, der Gerechte, viele
und lädt sich ihre Sündenschuld auf.«

5. JOHANNES DER TÄUFER, DER VORLÄUFER JESU

Doch ehe wir uns Jesu Weg und Wirken zuwenden und
bei unserem Blick auf seine Leidensgeschichte nach seinem Selbstverständnis fragen, müssen wir erst den Mann
vorstellen, den Jesus nach dem Zeugnis der vier Evangelien als seinen Vorläufer betrachtet hat. Seine Bedeutung
als des letzten Propheten des Alten Bundes soll Jesus mit
dem Ausspruch gewürdigt haben, daß keiner von denen,
die von einem Weibe geboren wurden (und das heißt: unter allen Menschen), größer als Johannes gewesen, trotzdem aber der Kleinste im Himmelreich größer als er sei
(vgl. Mt 11,11 mit Lk 7,28). Denn mit Johannes dem Täufer endete für Jesus die Zeit des Gesetzes und der Propheten, weil mit ihm selbst und seinen Jüngern ein Neues
begann, da sich die herrliche Freiheit und Freude der von
ihnen alsbald erwarteten Königsherrschaft Gottes auf Erden bereits in ihrem Leben spiegelte. Dann aber folgt in
Mt 11,12 die rätselhafte Aussage, daß das Himmelreich seit
den Tagen Johannes des Täufers Gewalt leide und Ge-
walttäter es an sich rissen. Lk 16,16 interpretiert das ältere,
von Matthäus bewahrte Wort verständlicher. Bei ihm heißt
es: *»Das Gesetz und die Propheten* [reichen] *bis zu Johan-*
nes. Seither wird die Gottesherrschaft verkündigt und jeder
in sie hinein genötigt.« Wie eine Gewalt bricht in diese
religiös erregte Zeit die Botschaft Jesu und seiner Jünger
von der Nähe der Gottesherrschaft ein und fordert jedermann dazu auf, Buße zu tun und nach Gottes Willen zu
leben.

Johannes der Täufer stammte aus einem priesterlichen Geschlecht (Lk 1,5-25.57-80), hatte sich aber, statt als Priester Dienst zu tun, als Asket in die Wüste zurückgezogen, um dort als Einzelgänger zu wirken und einen Kreis von Jüngern um sich zu versammeln, die zusammen mit ihm die zumal aus Jerusalem und den Städten Judas Kommenden im Jordan tauften. Er trat nach Lk 3,1 in den späten zwanziger Jahren des 1. Jahrhunderts n. Chr. am Ufer des Jordans auf, um dort die aus Jerusalem, Juda und den Ländern am Jordan in zunehmenden Scharen zu ihm Kommenden in den Fluten zu taufen. Diese waren entweder durch die Nachricht vom nahenden Gottesgericht verunsichert und suchten daher einen wirksamen Schutz oder wollten sein als eine religiöse Sensation betrachtetes Wirken aus der Nähe betrachten (Lk 7,24-27; Mt 11,7-10). Es war jedoch seine Absicht, sie durch seine Predigt zu einer echten Umkehr zu bewegen und so vor der Verdammung in dem nahe bevorstehenden Gericht zu bewahren. Als wirkmächtiges Zeichen der den reuigen Sündern zugesprochenen Vergebung vollzog er an ihnen eine Reinigungstaufe, indem er sie im Jordan untertauchte (Mk 1,4-6: Lk 3,1-6; Mt 3,1-5). Nach Lk 3, 7-14 und Mt 3,7-12 ging er nicht zimperlich mit seinen Hörern um, sondern redete ihnen derb ins Gewissen, um sie vor dem Irrtum zu bewahren, daß ihnen dank ihrer Abstammung von dem Erzvater Abraham in dem Gottesgericht kein Unheil widerfahren könne:

Ihr Otterngezücht, wer hat euch unterwiesen, vor dem kommenden Zorn zu fliehen? Bringt also gebührende Früchte des Umdenkens, und fangt nicht an, bei euch selbst zu sagen: ›Wir haben Abraham zum Vater!‹ Denn ich sage euch: Gott kann aus diesen Steinen dem Abraham Kinder erwecken! Schon ist die Axt an die Wurzeln der Bäume gelegt. Jeder Baum, der keine gute Frucht trägt, wird abgeschlagen und ins Feuer geworfen! (Lk 3,7-9).

Fragten sie ihn aber, was sie tun sollten, so forderte er sie auf, falls sie zwei Röcke hätten, einen dem zu schenken, der keinen hätte (vgl. Mt 5,40), und ebenso sollten sie es mit ihren Speisen halten. Den Zöllnern aber befahl er, sich an die vorgeschriebenen Tarife zu halten, und den Soldaten, auf Gewalttaten und Schikanen zu verzichten und sich mit ihrem Sold zu begnügen (Lk 3,10-15). Diese sogenannte »Standespredigt« des Täufers ist gleichermaßen eine kleine »Vorausgabe« von Jesu Berg- bzw. Feldpredigt. Johannes hatte wie Jesus Jünger um sich versammelt, die ihn bei seinem Wirken unterstützten. Von ihnen haben sich einige später Jesus anschlossen (Joh 1,35-37), während andere nach dem Tod ihres Meisters ihre eigenen Wege gingen, so daß Paulus in Ephesus auf einen aus Alexandrien stammenden Schriftgelehrten traf, der nur die Johannestaufe kannte (Apg 18,24-25), und ihm in Korinth von Johannesjüngern Getaufte begegneten (Apg 19,1-3). Nach Joh 4,1-2 hat noch zu Lebzeiten Johannes des Täufers eine Art Konkurrenzverhältnis zwischen beiden und ihren Jüngern bestanden. Die Bedeutung des Täufers für Jesus aber bestand vor allem darin, daß er sich erst bei seiner Taufe seiner Sendung gewiß wurde (Mk 1,9-11; Lk 3,21-22; Mt 3,16-17). Daß Johannes sich als Vorläufer des verheißenen Erlösers Israels betrachtete, liegt in seiner Rolle als Bußprediger vor dem Ende beschlossen. So erklärt es sich, daß er nach dem Zeugnis der Evangelisten Lukas und Matthäus auf die Kunde von dem erfolgreichen Wirken Jesu durch zwei seiner Jünger bei ihm anfragen ließ, ob er der sei, der da kommen soll, oder sie auf einen anderen warten sollten (Lk 7,18-23, Mt 11,1-6).

Als der Erfolg Johannes des Täufers offenkundig wurde, griff der Vierfürst Herodes Antipas als zuständiger Landesherr ein. Da er befürchtete, daß durch das Anwachsen der durch den Täufer ausgelösten Bußbewegung Unruhen entstehen und dadurch die Römer zum Eingreifen veranlaßt werden könnten, ließ er ihn verhaften und (wie wir aus der Darstellung des jüdischen Historikers Flavius Josephus wissen) in der in den moabitischen Bergen liegenden Festung Machaira hinrichten. Die biblische Legende in Mk 6,14-29 par Mt 14,1-12 führt dagegen seine Gefangensetzung durch den Tetrarchen auf seine Kritik an dessen Ehe mit Herodias und seine Ermordung auf ihr Anstiften zurück. Herodes Antipas nahm mit seiner Verhaftung und Hinrichtung des Täufers das Verhalten des Hohenpriesters Kaiphas vorweg, der in einer Beratung der Pharisäer und Hohenpriester, was man angesichts der zunehmenden Anhängerschaft Jesu tun solle, zu dem Ergebnis kam, daß es besser sei, es sterbe ein Mensch an Stelle des Volkes, als daß das ganze Volk umkäme, und ihn deshalb den Römern zur Hinrichtung auslieferte (Joh 11,50).

III Wer war und was wollte Jesus von Nazareth?

1. JESU BERUF, FAMILIE UND LEBENSDATEN

Zu denen, die sich von Johannes hatten taufen lassen, hatte also auch Jesus gehört, der Sohn des Josef und der Maria, ein junger Bauhandwerker im Alter von 20 bis 30 Jahren, der aus dem bis dahin bedeutungslosen südgaliläischen Städtchen Nazareth stammte. Nach Mt 2,1 wäre er noch zu Lebzeiten Herodes des Großen und nach Lk 2,1 erst zur Zeit der Volkszählung und Schätzung der Einwohner der römischen Provinz Juda durch P. P. Sulpicius Quirinius (Kyrenios / Cyrenius) und mithin im Jahre 7 n. Chr. geboren. Eine Rückverlegung dieses Census in die ausgehenden Jahre des 1. Jahrhunderts v. Chr. ist deshalb nicht möglich, weil Juda, solange es ein römischer Klientelstaat war, nicht von der durch den Kaiser Augustus 27 v. Chr. verordneten »Laographie« oder Eintragung der nichtrömischen Einwohner des Reiches in die Steuerliste betroffen war. Erst nachdem Archelaos, der Nachfolger seines Vaters Herodes des Großen, im Jahre 6 n. Chr. abgesetzt und Juda zu einer römischen Provinz geworden war, konnte Quirinius eine derartige Volkszählung durchführen.

In ihrem Rahmen sollen sich auch die Eltern Jesu, Josef und Maria, von Nazareth nach Bethlehem begeben haben, weil Josef aus dem dort ansässigen Hause des Königs David stammte, so daß Jesus dort geboren wurde. Ob es sich tatsächlich so verhält oder er nicht doch in Nazareth geboren ist, wird umstritten bleiben. Denn die Verlegung seiner Geburt nach Bethlehem könnte nachträglich aus einer Weissagung im Buch des Propheten Micha abgeleitet sein, in der Bethlehem gerühmt wird, weil aus ihr der Herr über Israel kommen werde, dessen Ursprung in uralten Zeiten liege (Mich 5,1).

Obwohl die im Lukas- wie im Matthäusevangelium unterstellte Abstammung Jesu aus dem Geschlecht Davids gelegentlich bestritten wird, läßt sich zu ihren Gunsten das Zeugnis des Apostels Paulus anrufen, der ihn in Röm 1,7 als Sohn Davids bezeichnet. Dafür spricht jedoch auch eine bei Euseb von Caesarea (dem im 4. Jahrhundert n. Chr. wirkenden Verfasser der ersten Kirchengeschichte) erhaltene Nachricht, die er dem Bericht des um 180 n. Chr. in Rom weilenden Kirchenschriftstellers Hegesipp verdankt. Nach ihr seien die beiden Großneffen Jesu und Enkel seines Bruders Judas mit Namen Jakobus und Zoker als Davididen vor den Kaiser Domitian zitiert worden, der sie enttäuscht als ganz unkönigliche kleine Leute nach Hause geschickt habe (Eus.ecc.hist.II.20). In einer Streitrede, die Jesus bei seinem letzten Aufenthalt in Jerusalem gehalten haben soll, polemisiert er gegen die Schriftgelehrten, weil sie erklären, daß der Messias ein Sohn Davids sei. Dagegen stellte er die Frage, warum David ihn in Ps 101,1 seinen Herrn nenne, wenn der Messias sein Sohn sei (Mk 12,34-37; Lk 20,41-44; Mt 22,41-46). Es geht in dieser Szene um den Auferstandenen als den Herrn seiner Gemeinde; daher konnte es als belanglos erscheinen, ob er ein Davidide war oder nicht. Lukas und Matthäus konnten ihn allerdings nur zu einem legitimierten Davididen machen, da sie von der jungfräulichen Geburt Jesu ausgingen, einem frühen Versuch, seine unerschütterliche Gottesgewißheit und seine Auferweckung von den Toten aus seiner himmlischen Herkunft zu erklären (vgl. S. 147 - 148).

Die Namen seiner vier Brüder Jakobus, Joses, Simon und Judas sind durch Mk 6,3 und Mt 13,55 bezeugt, von seinen Schwestern ist dagegen nur summarisch die Rede (Mk 6,3; Mt 13,56). Während sie das Wirken ihres Bruders zu seinen Lebzeiten als ein Ärgernis für die Familie empfanden (Mk 3,21; vgl. Mt 13,57), sollen sich seine Mutter und seine Brüder nach Ostern zur Jerusalemer Gemeinde gehalten haben (Apg 1,14). Sicher ist, daß sein Bruder Jakobus nach einer ihm zuteilgewordenen Erscheinung des Auferstandenen (1 Kor 15,7) an die messianische Sendung seines Bruder glaubte. Gemäß der im Judentum üblichen Nachfolge durch einen Bruder oder Sohn konnte er nicht nur die Leitung der Jerusalemer Christen sondern auch der außerhalb des Landes gelegenen Gemeinden für sich in Anspruch nehmen (Gal 1,19; Apg 15,13; 21,18; Eus.ecc. hist.II.23.24-25). Als ihn der Hohepriester Hannas II. nach der Abreise des Statthalters Festus und vor dem Eintreffen seines Nachfolgers Albinus im Jahr 62 n. Chr., die Rechte seines Amtes überschreitend, hinrichten ließ, folgte ihm sein Neffe Simon nach (Eus.ecc.hist.II.23.21-24). – Für Jesus waren in der Zeit seines öffentlichen Wirkens an die Stelle seiner Familie die Männer und Frauen getreten, die sich um ihn sammelten und seine Umkehrpredigt annahmen. So wird berichtet, daß er, als ihn seine Mutter und seine Brüder einmal aus einem Hause rufen ließen, in dem er gerade lehrte, die Frage gestellt und zugleich so beantwortet hätte (Mk 3,33-34): *»Wer sind meine Mutter und wer meine Brüder?« Dann blickte er auf die, die rings um ihn saßen, und sagte: »Da sind meine Mutter und meine Brüder. Wer nämlich den Willen Gottes tut, der ist mein Bruder und meine Schwester und meine Mutter.«* Nach Jesu Willen sollten seine Gemeinden nicht aus isolierten Einzelgängern bestehen, sondern eine durch die Liebe zu Gott und zu ihm verbundene Gemeinschaft bilden.

Nach dem Gesagten dürfte deutlich sein, daß Jesu Gestalt so fest in die Geschichte der zwanziger und dreißiger Jahre des 1. Jahrhunderts n. Chr. verankert ist, daß jeder Zweifel daran, ob er überhaupt gelebt habe, als gelehrte oder ungelehrte Verirrung zu beurteilen ist: Nach Lk 3,1-2 ist Johannes der Täufer im 15. Jahr des römischen Kaisers Tiberius (der von 14-37 n. Chr. regierte) aufgetreten, als Pontius Pilatus Statthalter in Juda war. Daraus ergibt sich je nach dem zugrundeliegenden chronologischen System, daß das öffentliche Wirken Johannes des Täufers in das Jahr 28 oder 29 v. Chr. fällt. Die Amtszeit des Statthalters Pontius Pilatus dauerte von 26-37 n. Chr. Da Jesu öffentliches Wirken nach Mk 1,14 erst nach der Verhaftung des Täufers begonnen hat und er selbst bekanntlich von Pilatus zum Tode verurteilt worden ist, fällt es im Ganzen in dessen Amtszeit und dabei maximal in die Jahre 27-33 n. Chr. Wahrscheinlicher aber ist es, daß er bereits am 7. oder 8. April des Jahres 30 gekreuzigt worden ist. Schließt man sich der Angabe in Lk 2,1 an, so wäre Jesus zu Beginn seines öffentlichen Wirkens etwa 22 Jahre alt gewesen und im Alter von 24 Jahren hingerichtet worden. Wenn man bedenkt, daß der mit einem ungewöhnlichen Charisma begabte König der Makedonier Alexander der

Große im Alter von 22 Jahren seinen Feldzug gegen den Perserkönig Dareios III. begonnen und bei seinem Tod mit 33 Jahren ein bis an den Hindukusch reichendes Weltreich erobert hatte, so ist es nicht unwahrscheinlich, daß auch Jesus von Nazareth bei seinem Auftreten nicht älter war. Es gibt eine angeborene Größe, welche die mit ihr Begabten weit über alle anderen Menschen erhebt. War der eine ein genialer Feldherr, so der andere ein Friedensfürst besonderer Art.

Über eine religiöse und zumal schriftgelehrte Vorbildung, die ihm die Kenntnis des Gesetzes und der Propheten vermitteln konnte, besitzen wir keine Nachrichten. Die Legende vom zwölfjährigen Jesus im Tempel setzt eine Naturbegabung auf diesem Gebiet voraus, ohne sie zu erklären (Lk 2,41-52). Nach Mk 14,3 ist er bei seinem letzten Aufenthalt in Jerusalem mit seinen Jüngern im Hause Simons des Aussätzigen eingekehrt und dort von einer Frau gesalbt worden, nach Lk 7,36 aber ist dies in dem Haus eines Pharisäers geschehen. Nach dem Johannesevangelium ist Nikodemus, ein pharisäisches Mitglied des Hohen Rates, ihm so wohlgesonnen gewesen, daß er sich gegen Jesu willkürliche Verurteilung ausgesprochen und dem Toten die letzte Ehre erwiesen hat, indem er ihn salbte (vgl. Joh 3,1-11 mit 7,45-53 und 19,39. Es ist nicht auszuschließen, daß Jesus vor seiner Taufe durch Johannes in näheren Beziehungen zu den Pharisäern gestanden und dadurch grundsätzliche Kenntnisse des Gesetzes und der Propheten erlangt hat. In diesem Fall hätte zwischen ihm und Paulus in dieser Beziehung eine gewisse Parallele bestanden (Phil 3,4-5).

2. JESU BERUFUNG UND VERSUCHUNG

Schon nach der Darstellung des ältesten Evangelisten Markus ist sich Jesus bei seiner Taufe durch Johannes seiner eigenen Sendung bewußt geworden (Mk 1,9-11). Unmittelbar danach habe er sich für vierzig Tage in die Wüste zurückgezogen, wohl um sich auf die ihm bevorstehende Aufgabe zu besinnen, wo ihn der als Anführer der Mächte der Finsternis geltende Satan oder »Ankläger« (vgl. Hi 1,6-12; 2,1-7) versucht habe (Mk 1,11-13). Im Lukas- und im Matthäusevangelium wird über die Versuchung eine Sinngeschichte erzählt, die den Leser auf das Geheimnis seiner Sendung vorbereitet, daß es sich bei Jesus um einen Messias besonderer Art handelt. So habe ihn der Satan der Reihe nach dazu aufgefordert, aus Steinen Brot zu machen, von den Zinnen des Tempels zu springen und ihn anzubeten, um von ihm die Herrschaft über alle Reiche der Erde zu empfangen (Lk 4,1-13; Mt 4,1-11, Reihenfolge nach Mt). Hätte Jesus sich dazu verführen lassen, Wunder zu tun, um seine eigenen Bedürfnisse zu stillen oder seine Macht über die Elemente vor der staunenden Menge zu demonstrieren, um dann eine Gewaltherrschaft über alle Reiche der Erde anzutreten, so wäre er nicht der Friedefürst Jesus Christus, sondern einer der üblichen Gewalthaber dieser Welt und nach der Ansicht der Evangelisten ein Diener des Satans geworden. Jesu Rückzug in die Wüste diente der Vergewisserung dessen, was Gott von ihm erwartete und worin die Eigenart seiner Sendung bestünde. Er erkannte, daß er nicht deshalb berufen worden war, um sich im Sinne der Großen dieser Welt Macht und Ansehen bei der Menge zu verschaffen oder ihre Sensationsgier zu befriedigen. Er wußte vielmehr, daß er den umgekehrten Weg derer zu gehen bestimmt war, deren Kraft in ihrem unbedingten Gottvertrauen, ihrer Aufrichtigkeit und ihrer Liebe zu Gott und den Menschen liegt, drei Eigenschaften, die in dieser Bündelung den Zusammenstoß mit den Mächtigen und den Fanatikern unvermeidbar machten. Damit ist bereits gesagt, daß er sich nicht als ein politischer Messias verstand, dessen Ziel es gewesen wäre, die Römer aus dem Lande zu jagen. Nach seinem triumphalen Einzug in Jerusalem sollen einige Pharisäer und Beamte des Herodes Antipas versucht haben, ihm eine Falle zu stellen, indem sie ihn fragten, ob es recht sei, dem Kaiser Steuern zu zahlen. Er aber habe sich eine Münze bringen lassen und sie gefragt, wessen Bild und Name sie trüge. Natürlich mußten sie ihm antworten: »*Des Kaisers!*« Darauf habe er gesagt: »*Was dem Kaiser gehört, gebt dem Kaiser, und was Gott gehört, gebt Gott*« (Mk 12,14-17). Er war mithin nicht der politische Aufwiegler, als der er vom Hohen Rat Pilatus zur Hinrichtung ausgeliefert worden ist.

Der vierte Evangelist läßt Pilatus den gefangen und gebunden vor ihn Geführten fragen, ob er der König der Juden sei, und Jesus antworten: »*Mein Reich ist nicht von dieser Welt.*« Auf die Nachfrage, ob er also dennoch ein König sei, läßt er ihn entgegnen: »*Du sagst es, ich bin ein König. Ich bin dazu geboren und in die Welt gekommen, daß ich für die Wahrheit zeugen soll. Wer aus der Wahrheit kommt, der hört meine Stimme.*« (Joh. 18,33-37) Für Johannes ist Jesus die Wahrheit selbst, weil sich in ihm Gottes Heilswille offenbart. Sie ist keine Satzwahrheit, sondern ein Geschehen. Diese Wahrheit erschließt sich dem, der sich ihr nicht verschließt. Oder anders ausgedrückt: Es geht in der Begegnung mit Jesus um das Verhältnis zu Gott als dem Grund des eigenen Daseins. Daher fällt in der Begegnung mit ihm die Entscheidung über das eigentliche oder uneigentliche Sein des Menschen. Eigentlich ist er, wenn er sich von Gott her versteht, uneigentlich ist er, wenn er sich aus der Welt versteht, die ihn sich selbst entfremdet und der Traurigkeit des Todes ausliefert (2 Kor 7,10). Aber damit sind wir mit dem vierten Evangelisten bereits auf dem

Wege, die Sprache und Vorstellungswelt der Apokalyptik, der geheimen Offenbarungen vom bevorstehenden Ende der Welt, in eine Sprache zu übersetzen, die nach den Grundzügen des Daseins fragt und daher als existentiale Interpretation bezeichnet wird. Aber davon wird zur gegebenen Zeit ausführlicher zu handeln sein.

Der historische Jesus, den uns die drei ersten Evangelien bezeugen, verstand sich als Rufer zur Umkehr angesichts des nahegekommenen Königtums Gottes, das in seinem heilvollen Wirken für die, die sich ihm anschlossen, bereits Gegenwart war, so daß sie in dem bevorstehenden Gericht des Menschensohns nicht verdammt, sondern gerechtgesprochen würden. Um das zu erreichen, forderte er seine Zuhörer in den Synagogen und an den Ufern des galiläischen Meeres auf, umzukehren, weil Gottes Gericht nahe bevorstünde So zog er verheißend, drohend und ermahnend durch das Land. Markus faßt Jesu Botschaft sachgemäß in dem Satz zusammen: *»Die Zeit ist erfüllt und die Königsherrschaft Gottes nahe. Tut Buße und glaubt an die gute Botschaft.«* (Mk 1,15)

3. DIE STÄTTEN VON JESU WIRKEN

Das geographische Zentrum seines öffentlichen Wirkens bildete vor allem ein Dreieck an der Südspitze des Galiläischen Meeres, das durch die Städte Kapernaum, Chorazin und Bethsaida gebildet wird. Seine Schenkel sind ungefähr 15 km lang, so daß die Distanzen bequem mit einem Tagesmarsch oder einer entsprechenden Fahrt über den See zu bewältigen waren. Nach Norden ist er nur einmal über diese Linie hinaus bis in die Gegend von Caesarea Philippi vorgestoßen (Mk 8,27). Seine unbedeutende, in Untergaliläa gelegene Heimatstadt Nazareth hat er nach seiner Berufung nur noch ein einziges Mal aufgesucht; denn hier stieß man sich daran, daß einer der Ihren so gewaltig predigte und trotzdem niemanden heilen konnte. Jesu Kommentar dazu lautete: »*Ein Prophet wird nirgends weniger geehrt als in seiner Vaterstadt und bei seinen Verwandten und in seinem Hause.*« (Mk 6,4) Wie die Erzählung von der Erweckung des Jünglings zu Nain (Lk 7,11-16) zeigt, ist Jesus gelegentlich auch nach Untergaliläa in die Nähe des Berges Tabor gekommen, der erstmals von Origenes mit dem in den Evangelien nicht näher bezeichneten Berg der Verklärung Jesu gleichgesetzt worden ist, eine Anschauung, die sich seit dem ausgehenden 4. Jahrhundert n. Chr. allgemein in der Kirche durchgesetzt hat. Einmal soll er nach Westen bis in die Gegend der phönizischen Seestädte Sidon und Tyrus gezogen sein (Mk 7,24-30). Als frommer Jude dürfte er vermutlich an den in der Tora vorgeschriebenen Pilgerfahrten nach Jerusalem anläßlich des Passah/Massot (des Festes der süßen Brote), des Wochenfestes und des Laubhüttenfestes (Ex 23,17; Dtn 16,16; Lev 23) mehr als einmal teilgenommen haben. Wegen der zwischen den Juden und den Samaritanern herrschenden Feindschaft zogen die galiläischen Pilger gewöhnlich auf dem Ostufer des Jordans nach Jerusalem und wieder zurück. Nach dem vierten Evangelisten Johannes hat Jesus nach seinem ersten Aufenthalt in der Heiligen Stadt den näheren Weg durch Samarien gewählt (Joh 4,4-5). Nach Lukas hat er das auch bei seiner letzten Wanderung versucht, aber unterwegs keine Herberge gefunden, so daß er den üblichen Weg einschlagen mußte (Lk 9,51-56). Mit dem Hinweis im Johannesevangelium auf einen ersten Aufenthalt Jesu in Jerusalem am Anfang seines öffentlichen Wirkens ist bereits angedeutet, daß in ihm im Unterschied zu den drei ersten Evangelien statt von nur einem von drei Aufenthalten Jesu während der Zeit seines öffentlichen Wirkens berichtet wird: Ein erstes Mal wäre er bald nach seiner Berufung zum Passah dorthin gezogen (Joh 2,14), ein zweites Mal hätte er die

Stadt anläßlich des Laubhüttenfestes aufgesucht (Joh 5,1) und ein drittes und letztes Mal gleich für ein halbes Jahr vom Laubhüttenfest bis zu seinem Tod am Passah in ihr geweilt (Joh 7,1-10 mit 19,14.31). Da er offenbar in Jerusalem so bekannt war, daß sich zwei Mitglieder des Hohen Rates für ihn verwendeten (Joh 7,50-52; Mk 15,42-47), er nach der Erzählung vom Gang der Jünger nach Emmaus auch dort Jünger besessen hat (Lk 24,13-35) und er bei seinem letzten Aufenthalt in der Stadt keine Quartiersorgen hatte (Mk 11,11; 14,12-16), dürfte er sich in der Zeit seines öffentlichen Wirkens mehrfach und längere Zeit in der Heiligen Stadt aufgehalten haben.

4. JESUS UND SEINE JÜNGER

Wenn wir uns Jesu Wollen und Wirken in seinem inneren Zusammenhang vergegenwärtigen, gewinnt sein Bild für uns Menschen des technischen Zeitalters, in dem es um die berechenbare und in der Folge beherrschbare Welt geht, während die Welt Gottes ausgeblendet ist, einen befremdlichen Charakter: Wie kann sich ein Mensch dessen sicher sein, daß er von Gott gesandt und in der Lage ist, das Grundproblem des menschlichen Lebens, die Selbstentfremdung als Folge der Entfremdung von Gott, zu lösen, indem er sein Leben für seine Jünger und für viele dahingibt? Was geht uns die Botschaft an, daß das Ende der Welt nahe herbeigekommen, das letzte Gericht, der Anbruch der Gottesherrschaft und die Auferstehung der Toten unmittelbar bevorstünden? Seither dreht sich die Erde schon an die zweitausend Jahre um ihre eigene Achse und kreisen die Gedanken der Menschen wie eh und je um ihr irdisches Schicksal, ihre irdische Macht und ihr irdisches Glück. Was gehen uns unter diesen Umständen noch Jesu Weg und Botschaft an? Wäre es nicht angebrachter, wir überließen ihn mit seinem Scheitern, seinem von ihm selbst nicht vermiedenen tragischen Ausgang der Geschichte, um ihm dort einen Platz unter denen einzuräumen, die einen großen Lebenstraum zu verwirklichen suchten und daran zerbrochen sind? Diese Fragen und Einwendungen sind berechtigt, aber wir können sie erst sachgemäß beantworten, wenn wir sein Wollen und Wirken als Ganzes vor uns und die Osterbotschaft daneben gestellt haben, mit deren Gewißheit der christliche Glaube steht und fällt. Vielleicht ergibt es sich dann, daß die Antwort einfacher ausfällt, daß seine Sendung und seine Anweisungen zu einem Leben im Gegenüber zu Gott ein höheres Recht und eine höhere Wahrheit besitzen, als es uns ihre geschichtliche Einkleidung vermuten läßt, und daß es sich bei der Rede von der Sünde weder um ein religionsgeschichtliches Relikt noch bei ihr selbst um eine pubertäre oder postpubertäre Störung des Selbstwertgefühls handelt.

Suchen wir also, ohne zu ermüden und uns von der befremdlichen Vorstellungswelt abschrecken zu lassen, die Botschaft und Wirken Jesu in ihrer geschichtlichen Eigenart zu vergegenwärtigen. Seine Botschaft, die zugleich den Schlüssel für seine Taten und seinen Lebens- und Leidensweg enthält, läßt sich in dem einen Satz zusammenfassen, daß er sich als der letzte Rufer vor dem Ende verstand, der sich an sein Volk gesandt wußte, um es zur Umkehr zu rufen, und in dessen Worten und Taten bereits das Licht des kommenden Gottesreiches aufleuchtete. Ob er nun lehrte, ermahnte, warnte, Jünger berief und aussandte, Sünder in seine Mahlgemeinschaft aufnahm, Kranke heilte oder Dämonen austrieb, immer ging es ihm um das eine: Menschen zur Umkehr zu führen, so daß sie im letzten Gericht bestünden. Den Ruf zur Buße hatte er mit dem Täufer gemeinsam, aber die Vollmacht, mit der er das kommende Reich ankündigte, und die auf sein Heil vorausweisenden Zeichen in Gestalt von Krankenheilungen, Dämonenaustreibungen und Wundertaten unterschieden ihn von Johannes dem Täufer, den er als seinen Vorläufer betrachtete. Seine Gegenwart reichte aus, Menschen ihre Sünden bereuen zu lassen und der Vergebung gewiß zu werden. Darin zeigte sich das, was ihn von uns unterscheidet: denn wir können Sünden nur in seinem Namen und Auftrag vergeben und uns vergeben lassen, weil wir alle auf Gottes Vergebung angewiesen sind und angewiesen bleiben.

Jesus führte seine Sendung nicht allein aus, sondern er sammelte einerseits eine Schar von Getreuen in Gestalt seiner Jünger um sich, während andererseits Frauen, von denen einige ihn auf seiner letzten Wanderung nach Jerusalem begleitet haben, ihn samt seinem Gefolge in ihren Häusern aufnahmen, um ihnen zu dienen. Unter diesen sind Maria Magdalena, d. h. die Maria aus dem galiläischen Ort Magdala wenige Kilometer nördlich von Kapernaum (Lk 8,1-3), und die beiden Schwestern Maria und Martha (Lk 10,38-42; vgl. mit großer Vorsicht Joh 11,1) wohl die bekanntesten. Maria Magdalena gehört zu den Frauen, die unter Jesu Kreuz stehen (Mk 15,40; Mt 27,56; Joh 19,25), und sie ist eine der zwei oder drei Frauen, die am Ostermorgen das leere Grab Jesu entdecken (Mk 16,1; Mt 28,1; Lk 24,10) und denen der Auferstandene nach Joh 20,11-18 noch vor Petrus erschienen ist (vgl. dazu unten, S. 130). – Als seine ersten Jünger berief Jesus die beiden Brüderpaare und Jungfischer Simon (Petrus) und Andreas sowie Jakobus und Johannes, die Söhne des Zebedäus (Mk 1,16-20). Von diesen haben die beiden ersten nach Joh 1,35-40 zu den Johannesjüngern gehört. Diese kleine Schar dürfte seines Alters gewesen sein, so daß wir sie uns als junge Männer zwischen 20 und 30 Jahren vorzustellen haben. Er soll sie später entsprechend der Zahl der Stämme Israels auf zwölf erweitert haben (Mk 3,14-19), doch ist nicht auszuschließen, daß die Zwölf Apostel erst nach Ostern eine privilegierte Gruppe innerhalb eines größeren Jüngerkreises bildeten, wie ihn die Erzählung von der Erscheinung des Auferstandenen auf dem Wege nach Emmaus in Lk 24 voraussetzt. Da wir in den Zwölfen (neben dem Apostel Paulus, von dem zu seiner Zeit die Rede sein wird) die Glaubensväter der Kirche ehren, haben sie es verdient, daß wir ihre Namen nennen: Simon, den Jesus Kephas bzw. Petrus (»Fels«) nannte; Jakobus, Sohn des Zebedäus, Johannes, der Bruder des Jakobus, die er beide Boanerges (»Donnersöhne«) nannte; Andreas, der Bruder des Petrus, Philippus, Bartholomäus, Matthäus, Thomas, Jakobus, der Sohn des Alphäus, Thaddäus, Simon, der »Kananäer« (d. h.: der Eiferer) und Judas Iskarioth, der ihn verriet. Nach Apg 1,26 haben die Jünger nach Ostern ihre Zwölfzahl durch die Loswahl des Matthias wiederhergestellt. In Mt 10,3 wird Matthäus, in Lk 6,14 und Apg 1,13 der zweite Simon als Zöllner bezeichnet und statt des Thaddäus ein Judas, der Sohn des Jakobus aufgezählt, was sich vielleicht so erklärt, daß dieser Jünger einen hebräischen und einen griechischen Namen führte, was damals angesichts der im Lande herrschenden Zwei-, wenn nicht Dreisprachigkeit (Aramäisch, Griechisch, Lateinisch; vgl. Lk 23,38; Joh 19,20) nicht ungewöhnlich gewesen wäre.

5. DIE AUSSENDUNG DER JÜNGER

Einige Zeit nach ihrer Erwählung soll Jesus die Zwölf zu zweit ausgesandt haben, um die Nähe des Himmelreichs zu verkündigen, Kranke zu heilen und unreine Geister auszutreiben. Wie er sich selbst nur zu den »*verlorenen Schafen des Hauses Israel*« gesandt wußte (Mt 15,24; vgl. Mk 7,27), so soll er auch seine Jünger nur zu diesen gesandt haben (Mt 10,5-6). Demgemäß soll er ihnen aufgetragen haben, weder in heidnische noch in samaritanische Gebiete zu ziehen (Mt 10,5). Damit stimmt überein, daß die nachösterliche Gemeinde in Jerusalem, Judäa und Samaria aus Judenchristen bestand und sich erst im syrischen Antiochien, dem heutigen Antakia, eine heidenchristliche Gemeinde bildete (Apg 11,20-21), während die weiter in den Westen ausgreifende Heidenmission des Petrus, Paulus und Barnabas samt ihrer Begleiter zunächst für die Leitung der Jerusalemer Urgemeinde ein Problem darstellte (vgl. Gal 1,18-23; 2,4-10.11-16; Apg 15,1-24). In Mt 28,16-20 und Apg 1,8 wird dieses Ergebnis vorweggenommen und auf den Befehl des Auferstandenen zurückgeführt (Apg 10,1-20; Gal 1.11-16).

Daß sich der irdische Jesus zu den Juden und nicht zu den Heiden gesandt wußte, spiegelt die Erzählung von der Begegnung Jesu mit einer aus Syrien stammenden und in Phönikien lebenden Griechin wider (Mk 7,24-30; Mt 15,21-28). Als sie ihm auf seinem Zug im Hinterland der Städte Sidon und Tyros begegnete, habe sie ihn gebeten, den ihre Tochter plagenden Dämon auszutreiben. Als er das mit dem Hinweis ablehnte, daß es nicht richtig sei, das für die Kinder bestimmte Brot zu nehmen und es den Hunden zu geben, habe sie schlagfertig geantwortet, daß die kleinen Hunde trotzdem unter dem Tisch die Brocken der Kinder äßen. Darauf habe Jesus ihren Wunsch erfüllt und ihr erklärt, daß der Dämon um ihres Wortes (und d. h.: um des in diesem enthaltenen Vertrauens in seine Vollmacht) willen ausgefahren sei. – Bei dieser Grundeinstellung Jesu ist es nicht weiter verwunderlich, daß auch die beiden jüngeren synoptischen Evangelien nur von einem einzigen weiteren Fall zu berichten wissen, in dem Jesus einen Ausländer (dort in Gestalt des Knechts des Centurio oder Hauptmanns von Kapernaum) heilte, dies aber, ohne sein Haus zu betreten (Lk 7,1-9 par Mt 8,5-13).

Auf ihrer Missionswanderung sollten die Jünger keinerlei Gepäck, ja nach der strengen Überlieferung nicht einmal einen Stab oder Sandalen mit sich führen (vgl. Mk 6,9 mit Lk 9,3 und dann Mt 10,10) und so ganz auf die Versorgung durch die angewiesen sein, die sie in ihr Haus aufnähmen. Die Begründung, daß der Arbeiter seine Speise wert sei (Lk 10,8; Mt 10,10b), galt noch für die Missionsreisen der Apostel (1 Kor 9,7-11) und gilt noch heute für alle, die ihr ganzes Leben in den Dienst Gottes und den Dienst am Nächsten gestellt haben. Unterwegs sollten die Jünger niemanden grüßen; wenn sie jedoch ein Haus beträten, so würde ihr Friedensgruß, würde er erwidert, Segen stiften, würde er indes abgelehnt, Unheil bewirken. Denn dann sollten die Jünger den Staub von ihren Füßen schütteln, und d.h. seine Bewohner mit einem wirkungsmächtigen Zeichen dem kommenden Gericht ausliefern (Mk 6,7-11; Lk 10,4-11 und Mt 10,1-15). Von dieser Aussendung sollen die Jünger erfolgreich zu Jesus zurückgekehrt sein (Mk 6,12-13), wie nach dem Bericht des Lukas auch die später ausgesandten zweiundsiebzig Jünger (Lk 10,17-20).

6. DAS GEBOT DER NACHFOLGE

Was Jesus von seinen Jüngern erwartete, hat Lukas in den Worten über Jesu Nachfolge zusammengefaßt, die er unmittelbar vor den Bericht von der Aussendung der Siebzig eingeordnet hat (Lk 9,57-62). Einem, der zu ihm sagte, er wolle ihm nachfolgen, soll er geantwortet haben (V.58): *»Die Füchse haben Höhlen, und die Vögel des Himmels haben Nester, aber der Menschensohn hat nicht, wo er sein Haupt hinlege.«* Einem anderen, der auf seine Aufforderung, ihm nachzufolgen, um Erlaubnis bat, vorher seinen Vater begraben zu dürfen, soll er entgegnete haben (V.60): *»Laß die Toten ihre Toten begraben; du aber gehe und verkündige das Reich Gottes!«* Und als ein dritter sich bereiterklärte, ihm nachzufolgen, sobald er sich von seinen Hausgenossen verabschiedet habe, habe er ihm geantwortet

(V.62): »*Wer die Hand an den Pflug legt und schaut zu-rück, der ist untauglich für das Reich Gottes.*« Diese Jün-gerlehre hat in ihrer überlieferten Gestalt zugleich und im zuerst genannten Fall überhaupt die nachösterlichen Apo-stel und Gemeinden im Auge. Wer Jesus nachfolgen will, muß dessen irdische Heimatlosigkeit teilen, darf sein Herz an nichts Vergängliches verlieren, weil er sonst unaus-weichlich der Traurigkeit des Todes verfällt (2 Kor 7,10), und täglich neu auf Gottes Nähe hoffen und vertrauen; denn das ist der einzige Weg, an der kommenden Gottes-herrschaft Anteil zu haben und anderen an ihr Anteil zu geben. Um ihretwillen darf er nicht auf das zurückblicken, was er aufgegeben hat, sondern muß er vertrauensvoll nach vorn blicken, der Zukunft Gottes entgegen.

Mit der Aussendung der Siebzig (oder Zweiundsiebzig - die Handschriften variieren in der Angabe der Zahl) in Lk 10,1 hat es eine besondere Bewandtnis; denn ihre Anzahl entspricht der der von Mose auf Befehl Jahwes aus den Ältesten Israels ausgewählten geistbegabten Helfer (Num 11,16-17.24-25). Hier aber ist es der Herr, der Kyrios (und damit eigentlich der Auferstandene), der den Befehl erteilt und sie als seine Herolde zu zweit vor sich her sendet. Die große Zahl wird in V.2 damit begründet, daß die Ernte groß, aber der Arbeiter zu wenig sind. Wie nahe der histo-rische Jesus den Anbruch der Gottesherrschaft glaubte, geht aus dem in Mk 9,1 und Lk 9,27 überlieferten Wort an seine Jünger hervor: »*Wahrlich, ich sage euch, daß etliche von denen, die hier stehen, den Tod nicht schmecken wer-den, bis sie gesehen haben, daß die Königsherrschaft Gottes mit Macht gekommen ist.*« Es galt also, keine Zeit zu verlie-ren, damit möglichst viele die Botschaft von ihr hörten und auf diese Weise vor dem kommenden göttlichen Zorn ge-rettet würden. Die in den V.3-11 angeschlossenen Verhal-tensregeln für die Siebzig entsprechen denen, die Jesus den Zwölfen mit auf den Weg gegeben hatte. Die Aufforderung, bei ihrer Abweisung den Staub von ihren Füßen zu schütteln, wird in den V.(12)13-15 durch die Weherufe über Chorazin, Bethsaida und Kapernaum erweitert, die sich ursprünglich auf Jesu eigenen Mißerfolg in diesen Städten bezogen (Mt 11,20). Aber das Vollmachtswort, mit dem Jesus nach Lk 10,16 die Siebzig entläßt, relativiert den Unterschied zwischen seiner Predigt und der seiner Jünger und ihrer Nachfolger über die Zeiten hinweg; denn so wie Gott ihn gesandt hat, sendet er seine Jünger aus, so daß sie an seiner und damit an Gottes Vollmacht teilhaben (Lk 10,16):

Wer euch hört, der hört mich,
und wer euch verachtet, verachtet mich.
Wer aber mich verachtet, verachtet den, der mich gesandt hat.

Der nachösterliche Aspekt tritt jedenfalls im Anschluß an den Bericht von der Rückkehr der Siebzig in den Vordergrund: nachdem sie ihm mit Freude berichtet hatten, daß ihnen die Dämonen in seinem Namen untertan gewesen seien, bestätigt ihnen Jesus, daß die Herrschaft des Satans beendet sei. Dann fordert er sie dazu auf, sich nicht darüber zu freuen, daß ihnen die Dämonen untertan, sondern daß ihre Namen im Himmel (zum Guten) verzeichnet seien, was als Unterpfand für die Bewahrung zum ewigen Leben galt (Lk 10,17-20). Dann wechselt die Szene zu einer Zwiesprache Jesu mit seinem himmlischen Vater. Dem einleitenden Lobpreis, daß Gott das Geheimnis Jesu den Weisen und Klugen verborgen und den Unverbildeten offenbart hat (Lk 10,21), entspricht sachlich der Gemeindebeschreibung durch den Apostel Paulus (1 Kor 1,26-30). Bei dem anschließenden Bekenntnis Jesu zu seiner Rolle als Offenbarer in Lk 10,22 par Mt 11,27 (vgl. Mt 28,18) dürfte es sich um eine Umformulierung eines urchristlichen Bekenntnisses zu Jesus als dem Sohn Gottes in ein Jesuswort handeln (vgl. dazu unten, S.142-143):

Alles ist mir von meinem Vater übergeben,
und niemand weiß, wer der Sohn ist, außer dem Vater,
und wer der Vater ist, außer dem Sohn
und wem es der Sohn offenbaren will.

Der Spruch stellt Jesu einzigartige Würde als Herr der Welt und Mittler zwischen Gott und den Menschen fest und begründet dies mit seiner Eigenschaft als Sohn Gottes. Er setzt als solcher seine Auferstehung als nachträgliche Legitimation seines Anspruchs und Wirkens voraus. In dem parallelen Lockruf Jesu in Mt 11,28-30 wird Jesus zu dem idealen Weisheitslehrer. So wie Jesus Sirach seine Schüler aufruft, ihren Nacken unter das Joch seiner Lehre zu beugen und ihnen dafür den Lohn der Weisheit verspricht (Sir 51,23-30b), verheißt Jesus denen, die ihm in unbedingtem Gottvertrauen nachfolgen, inneren Frieden (Mt 11,28-30; vgl. Joh 14,27; 16,33):

28 Kommt her zu mir alle,
die ihr mühselig und beladen seid,
so will ich euch erquicken.
29 Nehmt mein Joch auf euch
und lernet von mir;
denn ich bin sanftmütig
und von Herzen demütig,
so werdet ihr Ruhe finden für eure Seelen.
30 Denn mein Joch ist sanft
und meine Last ist leicht.

Solche im Glauben an den erhöhten Herrn gebildeten Jesusworte können die Herzen nicht anders berühren, als hätte er sie nachweislich selbst gesprochen: Es reicht aus, daß sie seine Sendung auf gültige Weise bezeugen. – Zu diesen Worten gehört auch die Verheißung in Mt 18,20 (vgl. Mt 28,20), die der nachösterlichen Gemeinde die Gegenwart Christi verheißt: »*Wo zwei oder drei in meinem Namen versammelt sind, da bin ich mitten unter ihnen.*« – Es ist der erhöhte Herr, in dessen Namen die Apostel und Missionare ausziehen, und es ist derselbe Herr, der in ihrer Mitte und überall dort ist, wo Christen sich versammeln, sei die Gemeinde so klein, daß sie nur aus zwei bis drei Gliedern besteht, oder so groß, daß man sie nicht zu zählen vermag.

Damit ist freilich ein Stichwort gefallen, das uns daran erinnert, daß der Mann, der sich als der von Gott zu Israel gesandte bevollmächtigte Bote vor dem Ende verstand, sich nicht zu schade war, sich auch den von Natur Kleinen, den Kindern, zuzuwenden (Mk 10,13-16; vgl. auch Lk 18,18-20; Mt 19,13-15). Seine Jünger hielten ihn für viel zu bedeutend, als daß er Zeit hätte, sich um sie zu kümmern. Als Mütter mit ihren Kindern zu ihm kamen, damit er sie berührte, sollen die Jünger sie bedroht haben. Jesus aber soll das Gegenteil gewünscht und gesagt haben: »*Lasset die Kinder zu mir kommen und hindert sie nicht, denn solchen gehört das Reich Gottes.*« Die Kinder haben nämlich das eine den Erwachsenen voraus, daß sie bis zum Erweis des Gegenteils anderen Menschen mit Vertrauen begegnen. Eben darin liegt für Jesus ihre paradigmatische Bedeutung. Geschichtlich bildet diese Verheißung den Kern, um den sich die ganze Erzählung gelegt hat: »*Wahrlich, ich sage euch: Wer das Gottesreich nicht wie ein Kind annimmt, der wird nicht in es hineinkommen.*« Dann aber habe er die Kinder in seine Arme genommen und ihnen seine Hände aufgelegt. Jesu Botschaft verlangt ein Vertrauen, das den, der es ihm entgegenbringt, nicht zu Schanden werden läßt. Das hebräische wie das griechische Wort, das wir mit »*Vertrauen*« übersetzen, hat zugleich die Bedeutung *»Glaube«*. Damit ist bereits gesagt, daß der christliche Glaube ein festes Vertrauen auf den Gott ist, der den, der ihm sein Leben bis in seinen Tod geweiht hatte, nicht im Tode ließ, sondern in seine Welt aufgenommen hat (IIb 11,1).

IV Jesus –
der Bote des kommenden Gottesreiches

1. JESU GLEICHNISSE VOM KOMMENDEN GOTTESREICH

Als Redner oder Prediger verfügte dieser Junghandwerker über eine erstaunliche Gabe, seine Botschaft vom Nahen der Gottesherrschaft mittels schlichter Gleichnisse und Beispielerzählungen oder Parabeln so allgemeinverständlich und zugleich beeindruckend darzustellen, daß uns mehr von ihnen in den Evangelien überliefert sind, als wir hier auch nur erwähnen können. Er entnahm das Vergleichsmaterial dem alltäglichen Leben einer vorwiegend agrarischen Gesellschaft, in der es um Saat und Ernte (Mk 4), das Verhältnis zwischen einem Vater und seinen Söhnen (Lk 15,11-32), die Verdingung und Entlohnung von Tagelöhnern (Mt 20,1-15), um treue und treulose Verwalter (Lk 16,1-8; 19,11-27 par Mt 25,14-30), das Verhalten von Berufsfrommen im Vergleich zu anerkannten Sündern (Lk 10,30-37) und (in die Märchenwelt greifend) um Einladungen eines Königs zu einem Gastmahl ging (Mt 22,2-13). Sie unterstreichen zum einen die Gewißheit, daß die Gottesherrschaft nahe bevorsteht, ihr unscheinbarer Anfang in seinem und seiner Jünger Wirken durch ein großartiges Ende gekrönt wird, zum anderen aber auch den Charakter der Gegenwart als Entscheidungszeit über das ewige Heil oder Unheil.

Um das Gesagte an Beispielen zu verdeutlichen, sei an die Gleichnisse von der selbstwachsenden Saat, vom Senfkorn und vom Sauerteig erinnert, weil sie den Sachverhalt auf knappe und zugleich eindrückliche Weise zum Ausdruck bringen (Mk 4,26-32; Lk 13,18-21; Mt 13,21-33). Die beiden ersten lauten nach Markus (4,26-32):´

26 »Mit der Königsherrschaft Gottes verhält es sich, wie wenn ein Mensch Samen auf das Land wirft, 27 dann aber eine Nacht und einen Tag um den anderen schläft und aufsteht, während der Same aufgeht und aufwächst, er weiß nicht, wie. 28 Von selbst bringt das Land Frucht, zuerst den Halm, dann die Ähre, dann den vollen Weizen in der Ähre. 29 Wenn aber die Frucht es gestattet, legt er sogleich die Sichel an, denn die Erntezeit ist da.«

30 Dann sagte er: »Womit können wir die Königsherrschaft Gottes vergleichen oder in welchem Gleichnis sie darstellen? 31 Wie mit einem Senfkorn, das, wenn es auf die Erde fällt, kleiner als alle anderen Samen auf der Erde ist; 32 aber wenn es gesät ist, geht es auf und wird größer als alle anderen Kräuter und treibt große Zweige, so daß die Vögel des Himmels in seinem Schatten nisten können.«

Gott läßt seine Königsherrschaft anbrechen, wenn er die Zeit für gekommen hält. Dem unscheinbaren Anfang, den es in Jesu Wirken besitzt, wird ein ungeahnter Erfolg zuteil, wenn das Reich Gottes mit seiner ganzen Herrlichkeit kommt. Noch einfacher ist das Gleichniswort vom Sauerteig, das von seinen verborgenen, aber sicher zu ihrem Ziel führenden Anfängen handelt (Lk 13,20-21):

20 »Womit soll ich das Reich Gottes vergleichen? 21 Es gleicht dem Sauerteig, den eine Frau nahm und unter drei Scheffel Mehl mengte, bis es ganz durchsäuert war.«

Das verborgene und doch gewisse Kommen des Königreiches, das sich in Jesu Gegenwart bereits ereignet, meint auch das rätselhaft klingende Jesuswort, mit dem er die Frage der Pharisäer, wann es käme, beantwortete (Lk 17, 20-21):

Das Reich Gottes kommt nicht so, daß man es beobachten kann. Man wird auch nicht sagen: »Siehe da!« oder: »Dort!« Denn siehe, das Reich Gottes ist mitten unter euch.

Man hat es später auf die mystische Erfahrung des Christen bezogen und den letzten Satz entsprechend mit *»Denn siehe, das Reich Gottes ist in euch!«* übersetzt. So verständlich diese Auslegung in der Zeit der Kirche ist, so überspringt sie doch die Vermittlung durch den *verkündigten* Christus: Jesus nimmt in dem zitierten Wort für sich in Anspruch, daß das Reich bereits in seiner heilstiftenden Predigt und seinem heilstiftenden Handeln gegenwärtig ist.

Von seinen dramatischen Gleichniserzählungen oder Parabeln gehört die vom barmherzigen Samariter in Lk 10,25-37 zu den bekanntesten und in einer Zeit der karitativen und diakonischen Orientierung der Kirchen zur weltweiten Linderung der Not wohl auch beliebtesten, weil sie zur Nachahmung aufruft. Denn jener verhält sich im Gegensatz zu den jüdischen religiösen Kapazitäten so, wie es eigentlich selbstverständlich sein sollte, aber eben leider nicht ist. Denn während der Priester und der Levit an dem von den Räubern übel Zugerichteten vorbeigehen, nimmt sich der Samariter seiner ohne Rücksicht auf den entstehenden Zeitverlust und die zu erwartenden Kosten an. Als Angehöriger der in Samaria wohnenden Religionsgemeinschaft, die statt des Zions den Garizim und dessen Tempel für das legitime Heiligtum hielt und daher von den Juden als häretisch verachtet wurde, als ein Mann, der gleichsam »ein falsches Gesangbuch« besitzt, überspringt er die Mauern, welche die religiösen Kapazitäten errichtet haben, und packt zu, weil er sieht, das da ein Mensch liegt, der Hilfe braucht. Das Wort, mit dem Jesus das Gleichnis beschließt: *»Gehe hin und handle ebenso!«,* sagt alles, was es dazu zu sagen gibt. Merke: Jesus war kein Konfessionalist.

Ähnlich wie bei den Gleichnissen ist es hier weder möglich noch nötig, den ganzen Schatz seiner Worte vorzustellen. Wer tiefer in Jesu Denken eindringen will, wird nicht umhinkommen, die sogenannte »Bergpredigt« in Mt 5,1-7,27 mit ihren Parallelen in der sogenannten »Feldrede« in Lk 6,20-49, die Rede vom rechten Beten in Lk 11,1-13 mit der vom rechten und falschen Sorgen in Lk 12,1-52 in Ruhe zu vergleichen und sich in die Jünger- und Gemeindelehren einzulesen, die in Mk 9,33-10,31 par Mt 18-19 zusammengestellt sind und nur teilweise im Lukasevangelium eine Entsprechung besitzen. Aus ihnen allen tritt uns ein souveräner Mensch entgegen, der die ihren Ängsten entsteigenden selbstsüchtigen Gedanken der Menschen aufdeckt und ihnen den Weg zu einem gelassenen und daher wahren und ewigen Leben zeigt. Fragt man, worin Jesu Souveränität gründet, so ist es eine mit einem unbegrenzten Gottvertrauen verbundene Gottesgewißheit, die er allen zu geben verheißen hat, die ihm nachfolgen. Zu diesem Gottvertrauen gehören als Voraussetzungen und Folgen die Demut, der Verzicht auf Selbstüberhebung und Selbstvergötzung – oder mit anderen Worten: die Gelassenheit des Daseins als das Gegenteil der Absolutsetzung des eigenen Ichs und damit der Sünde (vgl. dazu S. 157-159).

Im vorliegenden Zusammenhang seien einzelne Worte oder Kurzreden aus der Bergpredigt ohne Rücksicht auf ihre überlieferte Abfolge vorgestellt. Jesu innere Freiheit, zu der er seine Jünger und alle, die ihm nachfolgen wollen, anleitet, tritt uns am deutlichsten in solchen Worten entgegen, die Friedrich Nietzsche in widerspruchsvoller Weise beurteilt hat, indem er sie zum einen als Dokumente einer Sklavenmoral denunzierte und andererseits doch von ihnen bekannte, daß ein Leben nach ihnen auch heute noch möglich sei, weil sie eine geradezu buddhistische Freiheit gegenüber der Welt widerspiegelten. Denn wer zur Feindesliebe aufruft (Mt 5,43-44), davon abrät, im Falle eines Angriffs sich zu wehren (Mt 5,39), verlangt, lieber das Doppelte zu geben, als eine Bitte abzuschlagen (Mt 5,40), unbedingt sein Wort zu halten (Mt 5,37), gelobte Treue nicht zu brechen (Mt 19,9; 5,32), niemanden zu richten, weil man selbst auch nicht vollkommen ist (Mt 7,1-7), anderen ihre Verfehlungen zu vergeben, weil man selbst darauf angewiesen ist, daß einem Gott die eigenen vergibt (Mt 6,14-15), mit der eigenen Frömmigkeit nicht hausieren zu gehen und also weder Almosen zu geben, um damit Ansehen zu gewinnen (Mt 6,1-4), noch beim Bußfasten mit sauertöpfischer Miene herumzugehen, um die eigene Frömmigkeit zu demonstrieren (Mt 6,16-18), noch aus dem gleichen Grunde in der Öffentlichkeit zu beten (Mt 6,5-6) oder sich vor Gott der eigenen Frömmigkeit zu brüsten, sondern demütig vor seinem Gott zu stehen (Lk 18,9-14; Mich 6,8), vor Gott auch nicht viele Worte zu machen, da er als der himmlische Vater weiß, wessen wir bedürfen (Mt 6,7-8), dennoch nicht das Vertrauen zu verlieren, daß er alle ernst gemeinten Gebete auf seine Weise erhört (Mt 7,7-8) – das ist ein Mensch, der sich immer neu den Aufgaben des Tages stellt (Mt 6,34b), aber die Sorgen um seine Zukunft auf den Gott wirft, der für uns sorgt (Mt 6,31-34; vgl. 1. Petr 5,7). Kurz: Wer diesen Forderungen Jesu entspricht, ist ein wahrhaft freier Mensch und offen für die Zukunft Gottes (Joh 8,36). Was hier von Männern gesagt wird, gilt ebenso für die Frauen, denn beide sind auf gleiche Weise unmittelbar zu Gott (Gal 3,28).

Alles, was in der Bergpredigt an Anweisungen zum wahren und richtigen Leben gesagt ist, bringt Matthäus abschließend auf die schlichte Formel, die anderen so zu behandeln, wie man selbst behandelt zu werden wünscht (Mt 7,12). Man nennt das »die Goldene Regel«. Sie war in der volkstümlichen antiken und urchristlichen Ethik als einfache und verständliche Maxime beliebt; denn wer sie sich einprägt und nach ihr handelt, respektiert den anderen als den Anderen seiner selbst und braucht keine weiteren gelehrten Anweisungen. Ihren theologischen Akzent gibt ihr der Evangelist durch einen Zusatz, der erklärt, daß wer so handelt, alles das tut, was in den Büchern der Tora oder den Fünf Büchern Mose und in den Prophetenbüchern in Gottes Namen von den Menschen zu tun gefordert wird: *»denn das ist das Gesetz und die Propheten.«* Aber wir tun gut daran, dieser Regel das Doppelgebot der Gottes- und der Nächstenliebe an die Seite zu stellen, wie es Jesus in seiner Antwort auf die Frage eines Schriftgelehrten nach dem höchsten Gebot getan und worauf jener erklärt hat, daß beides zu tun besser als alle Brandopfer und Schlachtopfer sei (Mk 12,28-34).

Das Geheimnis der als Zumutungen erscheinenden Forderungen Jesu ist die Gelassenheit des Glaubens. An die Stelle der über 600 Gebote und Verbote der Tora, der umständlichen Reinheitsverpflichtungen der Essener und der Absicherung des Gehorsams gegen die Tora durch weitere Bestimmungen, welche die Pharisäer wie einen Zaun um das Gesetz aufstellten, um ihre Schüler vor seiner Übertretung zu bewahren, legt Jesus in der Bergpredigt seinen Jüngern und Nachfolgern kein neues Joch auf: Er verlangt keine zusätzlichen religiösen Anstrengungen, sondern ermutigt zu der Gelassenheit derer, die Gott vertrauen und daher den Nächsten lieben können, obwohl er kein Engel ist. Denn das Böse läßt sich nur durch das Gute überwinden, der Gute aber besitzt die Demut, sich nicht neben Gott als den in Wahrheit allein Guten zu stellen. Daher wies Jesus selbst die Anrede als »guter Meister« zurück, indem er sie mit einem: *»Was nennst du mich gut? Niemand ist gut als Gott allein!«* erwiderte (Mk 10,17-18). Denn wer sich als endlicher und also in seinem Wissen und Können begrenzter Mensch für gut hält, der ist es noch nicht, und wer es einen anderen wissen läßt, ist es nicht mehr.

Die neun Seligpreisungen Jesu, mit denen das Matthäusevangelium die Bergpredigt eröffnet, umschreiben ebenso den wahren Jünger und Nachfolger Jesu wie das befreite Selbstverständnis des Glaubenden, der sich in Zeit und Ewigkeit in Gott geborgen weiß. Denn Jesus preist die selig, die demütig sind und nicht meinen, Gott zu besitzen, sondern seiner zu bedürfen (Mt 5,3; vgl. Lk 6,20b); die am Zustand der Welt leiden und ihr Leben ohne Aufbegehren führen (Mt 5,4-5; vgl. Lk 6,21b); die nach Gerechtigkeit verlangen und selbst barmherzig sind (Mt 5,6-7; vgl. Lk 6,21a); die Frieden stiften und um der Gerechtigkeit willen verfolgt werden (Mt 5,9-10), weil sie alle das Leben in der Welt Gottes erwartet (Mt 5,3-10). Und dann folgt eine neunte, die bereits angesichts der Verfolgungen verfaßt ist, der sich die christlichen Gemeinden von Anfang an ausgesetzt sahen und in vielen Ländern noch heute ausgesetzt sehen; denn sie preist die selig, die wahrhaft um Jesu willen geschmäht, verfolgt und gelästert werden, weil sie im Himmel ihren Lohn empfangen werden (vgl. Mt 5,11-12 mit Lk 6,22). – Daß die Barmherzigkeit eine spezifisch christliche Tugend ist, die in den antiken Tugendkatalogen nicht zufällig fehlt, sei angemerkt. Dem Ideal des Weisen in der griechisch-römischen Welt entsprach der Mensch, der Einsicht, Gerechtigkeit und Tapferkeit mit Selbstbeherrschung verband. Dagegen ist der Gott Israels der, der gewiß gnädig und barmherzig ist (Ex 33,19) und der von den Seinen fordert, daß sie ihrem Nächsten ebenfalls Güte und Barmherzigkeit erweisen (Sach 7,9). Zumal im Matthäusevangelium wird Jesus als das Urbild menschlicher Barmherzigkeit gezeichnet, den Kranke oder deren Eltern nicht vergeblich als den Sohn Davids anrufen, sich ihrer oder ihrer Kinder zu erbarmen (Mt 9,27; 15,22; 20,30). Daß wir allen Leidenden ohne Rücksicht auf ihre Religionszugehörigkeit aus barmherzig begegnen sollen, gehört zu den Lehren, die wir aus den Gleichnissen vom verlorenen

Sohn (Lk 10,37) und vom Schalksknecht (Mt 18,32-35) ziehen sollten. In dem zuletzt erwähnten geht es darum, daß, wer anderen nicht von Herzen vergibt, bei Gott keine Vergebung findet (V.35). Die Forderung, barmherzig zu sein, wird in der Gleichnisrede vom Jüngsten Gericht im Blick auf die nachösterliche Christenheit von dem wiederkommenden König und Menschensohn auf die Formel gebracht (Mt 25,40): *»Wahrlich, ich sage euch, was ihr einem von diesen meinen geringsten Brüdern getan habt, das habt ihr mir getan.«* Wer Hungrige speist, Fremde als Gäste beherbergt, Kranke und Gefangene besucht, der nimmt in ihrer Gestalt den unerkannten Christus auf. Der russische Dichter Leo Tolstoj hat das auf die Formel gebracht: *»Wo Liebe ist, da ist auch Gott.«*

Auch in diesem Fall soll es nicht bei der bloßen Aufzählung bleiben, sondern seien die ersten acht Seligpreisungen in ihrem Wortlaut zitiert, weil ihnen eine eigenartige Kraft innewohnt, die zur Nachfolge Jesu aufruft (Mt 5,3-10):

3 Selig sind die Armen im Geist;
    denn ihrer ist das Himmelreich.
4 Selig sind, die da Leid tragen;
    denn sie sollen getröstet werden.
5 Selig sind die Sanftmütigen;
    denn sie sollen das Land besitzen.
6 Selig sind, die hungert und dürstet nach der
    Gerechtigkeit; denn sie sollen satt werden.
7 Selig sind die Barmherzigen;
    denn sie werden Barmherzigkeit erlangen.
8 Selig sind, die reinen Herzens sind,
    denn sie werden Gott schauen.
9 Selig sind, die Frieden stiften;
    denn sie werden Gottes Kinder heißen.
10 Selig sind, die um der Gerechtigkeit willen verfolgt werden,
    denn ihrer ist das Himmelreich.

Daß Jesus das öffentliche Beten als Demonstration der eigenen Frömmigkeit ablehnte, wurde bereits berichtet. Wenn sich der Mensch an Gott wendet, darf er damit keine Nebenabsichten verbinden. Daß seine Gebete nicht ganze Litaneien umfassen sollen, ergibt sich daraus, daß Gott unsere Situation kennt und daher weiß, was uns fehlt. Aber wie ein Vater doppelt so gern hilft, wenn ihn seine Kinder um etwas bitten, obwohl er im voraus weiß, was es sein wird, so will auch Gott als Zeichen dafür, daß wir ihn als unsere Zuflucht in allen Nöten betrachten, von uns Menschen gebeten sein. Wie man mit wenigen Sätzen viel sagen kann, hat Jesus den Jüngern gezeigt, indem er sie das Gebet lehrte, das seither die Christenheit in Freud und Leid begleitet und stärkt. Es darf hier nicht fehlen, weil in ihm alles kurz und bündig zusammengefaßt ist, worum wir nach Jesu Willen allein, miteinander und füreinander zu dem Vater beten sollen, der uns als seine Kinder kennt und uns nach seinem Willen leitet (Lk 11,9-13; Mt 7,7-11). Das Gebet ist in Lk 11,2-4 in einer etwas kürzeren Form als die heute in den Kirchen gebräuchliche überliefert, die sich an den Text in Mt 6,9-12 hält.

Nur in Mt 6,9 wird das Gebet mit der *Anrufung* Gottes als des himmlischen Vaters eröffnet. Er wird in diesem Gebet nicht in seiner Eigenschaft als der Gott Israels, sondern als der Vater Jesu Christi angerufen. In seinem Namen wagt es die Christenheit, sich an Gott als ihren Vater zu wenden (Joh 17,1).

In der nachfolgenden *ersten Bitte* geht es um die Heiligung seines Namens. Wer Gott als den vollkommen Reinen, Heiligen und in seiner weltdurchdringenden Macht Allgegenwärtigen erkannt hat (Jes 6,3), der heiligt ihn, indem er sich selbst sittlich und leiblich reinhält und nach Gottes Willen lebt (1 Kor 3,16).

In der *zweiten Bitte* geht es um das Kommen des Reiches, das in der Freude, die Jesus ausstrahlt, und in den Taten, in denen er die Schwächen und Schranken unserer Endlichkeit überwindet, bereits gegenwärtig ist. Es ist in der Gelassenheit und dem Frieden derer gegenwärtig, die ihr Leben vorbehaltlos Gott anvertrauen, und damit Gottes Antwort auf die dritte Bitte. Entsprechend erklärt der Apostel Paulus einer Gemeinde, in der Streitigkeiten über erlaubte und unerlaubte Speisen ausgebrochen sind (Röm 14,17): *»Denn das Reich Gottes besteht nicht in Speise und Trank, sondern in Gerechtigkeit und Friede und Freude im heiligen Geist.«* Entsprechend hat er die erste von ihm auf europäischem Boden gegründete und ihm daher besonders am Herzen liegende Gemeinde in Philippi (Apg 16,9-40) dazu aufgefordert, in einer aus Gottvertrauen kommenden unbekümmerten Gelassenheit zu leben und sich nicht vom Geist der Sorge knechten zu lassen, sondern ihre Nöte vor Gott zu bringen, der ihnen einen Frieden gibt, der höher ist als alle Vernunft und zugleich ihr Denken vor Abwegen und dem Abfall von ihrem Herrn bewahrt (Phil 4,4-7):

4 Freut euch allezeit in dem Herrn; und abermals sage ich: Freut euch! 5 Gebt eure Freundlichkeit allen Menschen zu erkennen. Der Herr ist nahe. 6 Sorgt euch um nichts, sondern lasset in allem mit Gebet und Flehen mit Danksagung eure Bitten vor Gott kund werden! 7 Dann wird der Friede Gottes, der alles Denken übersteigt, euer Herz und euer Denken in Christus Jesus bewahren.

Dieses Reich läßt sich nicht mit irdischen Mitteln ausbreiten, es besitzt keine Heere und Waffen, sondern seine Stärke erweist sich in den Schwachen als mächtig, die sich an Gottes Gnade genug sein lassen (2 Kor 12,9). Es läßt sich unter den Bedingungen der Endlichkeit und der mit ihr unentrinnbar verbundenen Fehlbarkeit nicht errichten, son dern ereignet sich unter ihnen überall dort, wo dieser Friede in die Herzen einzieht, bis Gott für uns in seiner Welt alles in allem sein wird (1 Kor 15,28).

Die *dritte Bitte* setzt das Leben unter den Bedingungen einer sich verabsolutierenden Endlichkeit voraus. Daher bittet sie Gott darum, daß sein Wille nicht nur im Himmel, sondern auch auf der Erde geschehe, wobei uns Menschen die Vollkommenheit Gottes versagt bleibt und unser Bemühen, seinem Willen gemäß zu leben und zu handeln, das Reich nicht schafft, sondern bestenfalls spiegelt. Andererseits gilt, daß wir, je weniger wir uns selbst bespiegeln und je mehr wir statt dessen auf Gott vertrauen, um so mehr seinem Willen und dem Auftrag Jesu entsprechen, mit unserem Leben Zeugen des kommenden Reiches zu sein. Die drei ersten Bitten ergänzen einander, jede von ihnen rückt einen anderen Aspekt der Teilhabe an der Gottesherrschaft in den Vordergrund: Der Heilige selbst sendet sein Reich, damit sein Wille in der ganzen Welt geschieht. So bitten sie alle drei um das Kommen des Reiches, das keine zeitlichen und räumlichen Grenzen besitzt.

Mit der *vierten Bitte* rückt unser alltägliches Leben in den Mittelpunkt: Auch wenn wir Menschen nicht von Brot allein leben, sondern der Gottesgewißheit bedürfen, welche die Bezeugungen seines Willens und seiner gnädigen Nähe durch Jesus in uns wachruft (Dtn 8,3; Lk 4,4; Mt 4,4), so brauchen wir als Menschen aus Fleisch und Blut doch Speis und Trank. Daher gilt die vierte Bitte der Gabe des täglichen Brotes, das wir zum Leben benötigen (vgl. Lk 11,3): *»Das Brot, das wir brauchen, gib uns täglich.«* Da wir aber nicht von Brot allein leben, dürfen wir diese Bitte auch auf das beziehen, was unserem Leben Sinn und Inhalt gibt: Menschen, die uns brauchen und die wir brauchen; Arbeit, die uns in der Industriegesellschaft das Leben ermöglicht (oder wenn wir alt geworden sind: eine ausreichende Versorgung), und eine Aufgabe in der Gemeinschaft, die uns über uns selbst hinausführt. Wer jedoch nichts mehr mit seinen Händen bewirken kann, der kann noch immer für das Kommen des Reiches und das Wohl der anderen beten.

Die *fünfte Bitte* stellt uns als Menschen vor Gott, die wissen, daß sie ihm gegenüber verschuldet sind. Anders als in der Gegenwart, in der die Dimension der Welt Gottes ausgeblendet ist, wußte man früher noch, daß der Mensch nicht nur von Menschen erlassene Gesetze übertreten kann, wofür er dann ein Bußgeld entrichten oder eine Strafzeit absitzen muß. Denn es war bis über den Beginn der Neuzeit hinaus gewiß, daß man sich auch gegenüber Gott als dem Grund seines Daseins und Soseins verschulden kann, indem man sich von Gott verlassen wähnt und daher sich selbst überhebt oder sich selbst verachtet und entsprechend mit anderen umgeht. Dabei ist das Verhältnis zu Gott als dem tragenden Grund unseres Daseins allen Verhältnissen in der Welt übergeordnet: »Stimmt« es, so »stimmt« auch unser Verhalten in der Welt als Raum, der unser Handeln ermöglicht, und als Stätte, in der wir das zu unserem Dasein gehörende »Mitsein« verwirklichen. Denn wir empfangen uns als Sprachwesen dadurch, daß uns andere ansprechen, und entsprechend sind wir darauf angewiesen, von anderen angesprochen zu werden und mit ihnen zu reden; denn wir leben dank unserer Sprache in einer gemeinsamen Welt.

In der griechischen Welt waren es Befleckungen leiblicher oder sittlicher Art, die den Menschen aus dem Verkehr mit den Göttern ausschlossen, ihn kultunfähig machten. Im Alten Testament wurde entsprechend zwischen Verunreinigungen und Verfehlungen unterschieden. Für die Reinigungen und Sühneleistungen gab es kultische Rituale. Für Jesus entschied über die Reinheit oder Unreinheit des Menschen nicht das, was der Mensch berührte oder aß, sondern das, was er dachte, sagte und tat (Mk 7,14-23). Mt 7,23 enthält geradezu einen kleinen Beichtspiegel, indem Jesus hier böse Gedanken, Unzucht, Dieb-stahl, Mord, Ehebruch, Habsucht, Bosheit, List, Ausschwei-fung, neidischen Blick, Lästerung, Hochmut und Narrheit als das bezeichnet, was aus dem Menschen selbst heraus-kommt, ihn verunreinigt und damit bezeugt, daß er ein Sünder ist. Wenn schon der böse Gedanke oder lüsterne Blick ausreicht, den Menschen vor Gott zu verschulden (vgl. Mt 5,22-28), so ist es deutlich, daß jeder angesichts der aus seiner Kälte, Anmaßung, seinem Ärger, seiner Überforderung oder geheimen Verzweiflung hervorgehen-den Nichtachtung anderer Menschen Grund genug besitzt, Gott um Vergebung zu bitten. Doch hat er das Recht dazu nur, wenn er auch denen, die sich an ihm vergangen ha-ben, ihre Schuld zu vergeben bereit ist. Das Bekenntnis der Sünde, der Zuspruch der Vergebung und die ihm entspre-chende wechselseitige Vergebung durchbrechen die Macht des Bösen und entgiften das Zusammenleben oder (wie man heute zu sagen beliebt) die Gesellschaft.

Die *sechste Bitte* lautet in Lk 11,4b knapp: *»Und führe uns nicht in Versuchung«.* Es geht nicht um eine gelegent-liche Versuchung, wie sie uns im Alltag oftmals begegnet, sondern um die grundlegenden Gefährdungen der Exi-stenz der Jünger als Jünger und der Christen als Christen, in denen ihre Treue zu ihrem Herrn und ihr Glaube an Gott auf dem Spiel stehen. Es geht um Zeiten der Chri-stenverfolgung, wie sie den Evangelisten als Zeitzeugen bekannt waren. Aber es widerspricht der inneren Logik im Leben Jesu nicht, daß Jesus nicht nur sein eigenes gewalt-sames Ende, sondern auch das seiner Jünger und Nachfol-ger um seinetwillen voraussah (vgl. Mt 5,10-11; Joh 15,20). Das Jesus in den Mund gelegte Nachfolgewort in Mk 8,34-36 verdankt seine überlieferte Gestalt den Erfahrungen der nachösterlichen Gemeinde und unterstreicht im letzten Satz, daß es in der Nachfolge Jesu um das zeitliche und um das ewige Heil geht: Der abtrünnige Jünger wird seines

Verrats nicht froh (Mt 27,5), und der treulose weiß, daß er sich damit selbst untreu geworden ist und vor Gott nicht länger bestehen kann:

34 Und er rief die Menge samt seinen Jüngern herbei und sagte zu ihnen: »Wenn jemand mir nachfolgen will, so verleugne er sich selbst und nehme sein Kreuz auf sich und folge mir nach! 35 Denn wer sein Leben behalten will, der wird es verlieren; wer aber sein Leben um meinet- und um des Evangeliums willen verliert, der wird es retten. 36 Denn was nützte es einem Menschen, wenn er die ganze Welt gewönne und nähme Schaden an seiner Seele.«

So wie es im Vordersatz der sechsten Bitte nicht um die kleinen Versuchungen des Alltags, sondern um die Gefährdung der Gottesbeziehung der Jünger und der Christen als solche geht (Lk 4,1-12 par Mt 4,1-11), geht es auch im Nachsatz *»…sondern errette uns von dem Bösen«* um mehr, nämlich um die Bewahrung vor der personifizierten Macht des Bösen oder dem Satan und damit um die Bewahrung vor Verfolgungen um Jesu Willen und vor Anlässen, ihn zu verleugnen. – Und so lautet denn das Gebet des Herrn als Ganzes (Mt 6,9-13):

9 Unser Vater in den Himmeln,
geheiligt werde dein Name.
10 Es komme dein Reich.
Es geschehe dein Wille,
wie im Himmel auch auf Erden.
11Gib uns heute unser tägliches Brot.
12 Und vergib uns unsere Schuld,
wie auch wir unsern Schuldnern
vergeben haben.
13 Und führe uns nicht in Versuchung,
sondern erlöse uns von dem Bösen.

Die altkirchlichen Gemeinden fügten nach dem Beispiel des Gebetes Davids in 1 Chr 29,11-12 einen Lobpreis hinzu, mit dem sich die Beter bis heute zur Allmacht des Gottes bekennen, den sie ihren Vater nennen dürfen: »*Denn dein ist das Reich und die Kraft und die Herrlichkeit in Ewigkeit [Amen].*«

Nach der Didache, der Lehre der Apostel (Did 8,2), sollen die Christen das Gebet des Herrn dreimal am Tage, nämlich morgens, mittags und abends beten. Damit stehen die Christen und die ebenfalls diese drei Gebetszeiten einhaltenden Muslime in der jüdischen Tradition (Dan 6,11).

Die Ordnung des Betens gehört zu einem geordneten Leben. Es geschieht als Anbetung, Dank und Fürbitte, wobei die Anbetung uns inneren Frieden, der dankende Lobpreis Gott die Ehre gibt und die ernstliche Bitte und Fürbitte viel vermögen. Denn Gedanken dienen nicht nur der Erinnerung, der Vorbereitung von Taten oder der Mitteilung von Informationen, sondern sind lebendige Kräfte, welche die Welt zum Guten oder zum Bösen verändern können. Wer Gott anbetet, vermehrt nicht nur sein Lob, sondern zugleich sein Ansehen auf Erden. Wer ihm dankt, stärkt sein heilvolles Wirken, und wer für andere betet, gibt ihnen dank Gottes Leitung innere Kraft; denn wir alle sind Pilger auf dem Pfad zur Erlösung, die in der tiefsten Schicht ihrer Seele eins sind. Daher sind Gedanken und Gebete geistige Kräfte, welche die Welt verändern.

4. JESUS DER HEILAND

Obwohl es sachlich geboten wäre, jetzt zur Leidensgeschichte überzugehen, bedarf das Bild von Jesu Wirken vorher einer nicht unwichtigen Ergänzung durch einen Blick auf seine Krankenheilungen, Dämonenaustreibungen und Wundertaten, die er als Vorzeichen des Lebens in der kommenden Welt verstanden wissen wollte (Mk 3,10-12; 6,7.12-13). Das wird vielen Lesern als ein unerquickliches Kapitel erscheinen, weil mit den Berichten von den Machterweisungen über die Dämonen und die Kräfte der Natur der Boden der Realität zugunsten einer Traum- und Wunschwelt verlassen zu sein scheint. Wie sollte es möglich sein, daß ein Mensch mit wenigen Broten und Fischen eine Tausende zählende Menge sättigt? Wie kann ein Mensch über das Wasser wandeln (Mk 6,45-52) oder mit seinem Befehl einen Sturm stillen (Mk 4,35-41)? Und welche Abartigkeiten, welche Psychopathien verbergen sich hinter den Besessenheiten (vgl. z.B. Mk 7,24-30; 9,17-27)?

Wir Heutige könnten geneigt sein, derartige Erzählungen symbolisch zu verstehen: Jesus nimmt durch seine Gegenwart denen, die auf ihn vertrauen, ihre Ängste in Gefahren. Er sättigt die Seelen von Aber- und Abertausenden, indem er sie zu Gästen seines letzten Mahles macht. Aber mit diesen Deutungen wären die Evangelisten wohl kaum einverstanden. Machen wir uns klar, daß wir die Welt nur als Erscheinung kennen und ihr Wesen an sich unserem Forschen entzogen bleibt, weil es sich in unauslotbaren Tiefen verliert, in denen dynamische Kräfte weben. Wagen wir es, die Rückseite der uns erscheinenden Welt mit der raum- und zeitlosen Wirklichkeit Gottes als des absoluten Geistes gleichzusetzen, so ist es nicht verwunderlich, daß ein mit dem Geist Gottes Begabter die Welt der Erscheinungen verwandelt und bezwingt. Es geht jedenfalls in diesen »Wundererzählungen« um die Jesus verliehene geistige Macht über eine Welt, deren Regeln wir in mathematischen Formeln erfassen. In der vor- und außerchristlichen Welt spielen helfende und schädliche Geister, Engel und Dämonen eine große Rolle. Der eindimensionale Mensch der Neuzeit anerkennt nichts anderes als die sichtbare und damit, wenn schon nicht unbedingt im voraus, so doch im nachhinein berechenbare Welt der

Erscheinungen. In der Folge versteht er sich nur noch als eine vorübergehende Bündelung vitaler Kräfte und funktionaler Verhältnisse. Daher ist ihm die Welt der Wunder gänzlich verschlossen und lediglich Anlaß, sich der von der Vernunft errungenen Fortschritte zu rühmen. Daß einer vielgestaltigen sichtbaren materiellen Welt eine ebenso vielgestaltige unsichtbare geistige Welt entspricht, vermag er nicht mehr nachzuvollziehen. In der westlichen Welt rechnet man bei auffälligen Schädigungen der Wahrnehmung der Umwelt nicht mehr mit Besessenheiten, sondern mit Krankheiten. Krankheiten aber haben entweder eine somatische, leibliche oder eine psychische, seelische Ursache. Daß psychische Leiden z. B. durch Hypnose beeinflußt werden können, stellt wohl kaum noch ein Problem dar. Daß es Menschen gibt, in deren Nähe man sich wohlfühlt, und solche, in deren Nähe man nervös wird, ist eine jedermann zugängliche Erfahrung. Die Evangelien nehmen für Jesus in Anspruch, daß er ganz entschieden zu den Menschen gehörte, in deren Nähe einem wohl wurde, und daß er über Kräfte verfügte, mit denen er Krankheiten zu heilen und gewohnte Abläufe zu ändern vermochte.

Um uns das zu vergegenwärtigen, sehen wir uns im folgenden ausgewählte Berichte von Krankenheilungen, Dämonenaustreibungen und Eingriffen in den gewohnten Lauf der Natur an. Die Krankenheilungen stehen zahlenmäßig an der Spitze, sie lassen sich in zwei Gruppen zusammenfassen: bei der ersten handelt es sich eindeutig um die Heilung körperlicher Erkrankungen, bei der zweiten um die Heilung solcher, die auf Besessenheiten zurückgeführt werden. Ein Hinweis darauf, daß die an dem Gegensatz zwischen Krankheit und Heilung als Erweis der Vollmacht Jesu interessierten Berichte keine spezifischen medizinischen Diagnosen erlauben, dürfte angebracht sein. Wir halten uns daher mehr an das Grundsätzliche als an das Spezifische, indem wir nach der Art und Weise der von Jesus vollbrachten Heilungen und der Beteiligung der Geheilten fragen.

Als bevorzugtes und gleichsam natürliches Mittel der Heilung von Krankheiten wie Fieber (Mk 1,29-31), Aussatz (Mk 1,40-44), Blindheit (Mk 8,22-25, vgl. Mt 9,27-31), Taubstummheit (Mk 7,3-27) Rückenkrümmung (Lk 13,10-14), Wassersucht (Lk 14,1-6) oder äußeren Verletzungen (Lk 22,51) fungiert die Berührung. In ihr erfolgt eine Kraftübertragung vom Heiler auf den zu Heilenden (vgl. auch Mk 16,18). (Sie konnte mit einer Manipulation mit Speichel wie im Fall des Taubstummen [Mk 7,31-37] und des Blinden bei Bethsaida [Mk 8,22-26] verbunden sein. Gegebenenfalls reichte schon eine Berührung des Mantels Jesu aus, um die Heilung zu bewirken [Mk 5,25-34].) Entsprechend kam der Synagogenvorsteher Jairus wegen seiner todkranken Tochter zu Jesus, um ihn zu bitten, er möge kommen und ihr die Hände auflegen, so daß sie gerettet würde (Mk 5,21-24). So wie Jesus die Tote (oder Scheintote?) bei der Hand nahm und ihr befahl, aufzustehen (Mk 5,35-42), soll er auch den bereits im Sarg liegenden Jüngling zu Nain geheilt haben, indem er seine Hand auf den Sarg legte und ihm dann befahl, sich zu erheben (Lk 7,11-17). Dagegen reichte bei dem Gelähmten in dem Hause zu Kapernaum Jesu Wort, um die Genesung des Kranken zu bewirken (Mk 2, 1-12). Nach Mk 6,13 haben schon die Jünger die Kranken mit Öl gesalbt und dabei wohl (wie es Jak 5,14-15 den Presbytern der nachösterlichen Gemeinden empfiehlt) über ihnen gebetet.

Daß das Vertrauen des Leidenden oder des für ihn Verantwortlichen eine entscheidende Rolle bei den Heilungen spielte, geht daraus hervor, daß Jesus wiederholt erklärt hat, daß der Glaube die Heilung bewirkt habe. Das bestätigt er dem blinden Bettler Bartimäus in Jericho (Mk 10,46-52, vgl. V.52), den zwei Blinden (Mt 9,27-31, vgl. V.28), dem dankbaren Aussätzigen (Lk 17,11-19, vgl. V.19) und dem Centurio oder Hauptmann zu Kapernaum, der ihn gebeten hatte, seinen kranken Sklaven durch sein Wort zu heilen (Lk 7,1-10, vgl. V.9). Einen anderen Aspekt rückt die Erzählung von dem epileptischen, als besessen betrachteten Knaben in Mk 9,20-27 in den Mittelpunkt: Hier beantwortet Jesus die Bitte des Vaters in V.22, er möge, wenn er es könne, seinem Jungen helfen, in V.23 mit einem *»Alles ist dem möglich, der glaubt!«* Das Wort bezeichnet nicht den Glauben des Vaters, sondern den eigenen: Jesus ist der, der an die ihm von Gott verliehene Vollmacht glaubt. Darum kann er Krankheiten heilen und Dämonen austreiben. Trotzdem legt der Erzähler auch in diesem Fall Wert auf die Interaktion, indem er in V.24 den Vater unter Tränen ausrufen läßt: *»Ich glaube, hilf meinem Unglauben!«* Wo Jesus kein Vertrauen fand und man nicht an seine Vollmacht glaubte, konnte er (wie es Mk 6,5-6 von seinem Aufenthalt in seiner Heimatstadt Nazareth berichtet) keine Krafttaten, keine Wunder tun. Ohne die Empfänglichkeit für seine heilenden Kräfte vermag der Heiler nichts zu bewirken, und wenn der Glaube plötzlich erlischt, tragen die Wellen den zweifelnden Petrus nicht (Mt 14,30-31). Aber der Glaube, so sagt Jesus einmal in einem übertreibenden und darum einprägsamen Vergleichswort, könnte selbst dann, wenn er nicht größer als ein Senfkorn wäre, Berge versetzen (Mk 11,23; Mt 17,20; 21,21; vgl. 1 Kor 13,2).

Die hippokratische Medizin, die für Krankheiten statt metaphysischer somatische Ursachen verantwortlich macht, hatte zwar seit dem 3. Jahrhundert v. Chr. dank der von den Ptolemäern auch in Palästina eingesetzten Amtsärzte an Boden und bei einem Weisen wie dem zu Beginn des 2. Jahrhunderts v. Chr. in Jerusalem wirkenden Jesus Sirach auch Vertrauen gewonnen (Sir 38,1-8), ohne jedoch die Volksmedizin zu verdrängen (vgl. Tob 6,19; 8,2-3). Wie zu allen Zeiten des Übergangs erstarkte auch in der hellenistisch-römischen Zeit nicht nur bei den Juden der Glau-

be an die schädigende Kraft der Dämonen: Wenn die dogmatischen Mauern, die normalerweise das Bewußtsein gegen die Mächte der Tiefenseele verschließen, nachgeben,
können die zerstörenden Mächte des Unterbewußten sie
durchbrechen, so daß es zu Phänomenen der Besessenheit
kommt. Entsprechend haben sich auch in den Höhlen von
Qumran zwei fragmentarische Schriftrollen mit Beschwö-
rungen gegen die Söhne Belials, des Anführers der dämo-
nischen Mächte, und seine Helfer gefunden, die ihnen im
Namen Gottes des Herrn ihr Wirken auf der Erde unter-
sagten (11Q 11 PsAPa und 4Q 560).

5. JESUS ALS EXORZIST

Daher ist es nicht erstaunlich, daß auch Jesus mit Fällen
von Besessenheit konfrontiert worden ist. Epilepsie hielt
man trotz dem Einspruch des Hippokrates noch lange für
eine »heilige«, von göttlichen Kräften verursachte Krankheit. Entsprechend sah man sie nach dem Zeugnis der
hochdramatischen und theologisch befrachteten Erzählung
von der Heilung eines epileptischen Knaben in Mk 9,15-29
auch im Umkreis der Jünger Jesu als Folge der Besessenheit durch einen »stummen«, weil nicht durch den Mund
seines Opfers redenden Geist an. Andererseits konnte sich
fromme Phantasie des Themas der Dämonenaustreibung
annehmen und es ohne Rücksicht auf seine Plausibilität bis
ins Groteske steigern, wie es in Mk 5,1-20 der Fall ist. In
dieser mit vielen Einzelzügen ausgestatteten Erzählung erfahren wir eingangs, daß der Besessene in Gräbern hauste
und schon oft seine Ketten abgestreift und seine Fußfes-
seln durchgerieben hatte, so daß er schreiend und Steine
werfend durch die Gegend ziehen konnte. Als ihm Jesus
begegnete, erkannte der in dem Besessenen wohnende
Dämon sogleich, daß er es mit dem Sohn Gottes zu tun

hatte, so daß er ihn bei Gott beschwor, ihn nicht zu quälen und aus der Gegend fortzuschicken. Befragt, wie er heiße, erklärte der Geist des Besessenen, er heiße »Legion«, weil er eigentlich viele Geister umfasse. Da nun gerade eine große Schweineherde in der Nähe weidete, sollen die Geister Jesus gebeten haben, ihnen zu gestatten, in diese aus etwa 2000 Tieren bestehende Herde zu fahren. Daraufhin jagten die Schweine, so berichtet Markus, den Berg hinunter, um sich in den See zu stürzen, während die erschrockenen Hirten es rundum gemeldet haben. Aber als die Leute zum Tatort kamen, fanden sie den einst Besessenen anständig gekleidet und vernünftig neben Jesus sitzend vor. Am liebsten wäre er gleich mit Jesus ins Boot gestiegen, aber der schickte ihn nach Hause, um zu erzählen, was ihm Gott der Herr getan und wie er sich seiner erbarmt hätte. Jesus, den seine Jünger nach Ostern den Herrn nannten, ist in dieser seltsamen Erzählung der Mensch, durch den Gott handelt: Er ist der Mittler seiner Barmherzigkeit.

Das Austreiben von Geistern gilt in den Evangelien als ein wesentlicher Teil seiner Sendung und muß daher einen historischen Kern besessen haben. Daß seiner Vollmacht zu lehren die zum Austreiben von Dämonen entsprach, betont bereits die erste einschlägige Erzählung des Markusevangeliums in programmatischer Weise (Mk 1,21-28): Sie enthält einen knappen, aber dramatischen Wortwechsel zwischen dem »unreinen Geist« und Jesus, in dem der Geist erklärt, daß Jesus der Heilige Gottes und gekommen sei, um die Geister zu verderben, worauf ihm Jesus zu schweigen und auszufahren gebietet (V.24; vgl. 5,7). Während die Menschen noch raten, wer Jesus sei, wissen in dem zusammenfassenden Bericht über Jesu erfolgreiches Wirken am See Galiläas bereits die Dämonen, daß er der Sohn Gottes ist (Mk 3,7-12). Aber eigentümlicherweise verbietet Jesus ihnen ebenso wie später Petrus (Mk 8,29-30) und den Jüngern, nachdem sie Zeugen seiner Verklärung geworden waren (Mk 9,9), es weiterzusagen. Jesus, so stellt es Markus dar, wollte nicht, daß seine Sendung als die eines Messias nach dem traditionellen Bild verstanden und daher mißdeutet würde (vgl. S. 87-93). Der Sieg über die Dämonen war in Jesu Augen ein Zeichen dafür, daß die Macht des Fürsten der Finsternis, des Satans, gebrochen war. Daher hat Lukas hinter den Bericht der Siebzig, die Jesus frohlockend davon berichteten, daß ihnen die Dämonen in seinem Namen untertan waren, ein Jesuswort gesetzt, in dem er die Entmachtung des Satans verkündet (Lk 10,18): »*Ich habe den Satan wie einen Blitz vom Himmel fallen sehen!*«

6. JESU MACHT ÜBER DIE NATURGEWALTEN

Die Evangelisten hatten bei den Berichten von Demonstrationen der Herrschaft Jesu über das, was wir heute »Natur« nennen, keine Schwierigkeiten, sonst hätten nicht alle vier von der Speisung der 5000 (Mk 6,30-44; Lk 9,9-17; Mt 14,13-21; vgl. Joh 6,1-13) und wenigstens zwei auch noch von einer weiteren Speisung der 4000 (Mk 8,1-9; Mt 15,32-39) erzählt: Für sie waren das Zeichen der ihm von Gott verliehenen Vollmacht, welche die Jünger erst nach seiner Auferstehung voll als solche zu würdigen wußten, während sie sich zunächst angesichts solcher Ereignisse verwunderten oder gar erschraken. Schon die Tatsache, daß Lukas darauf verzichtet, auch die zweite Erzählung von der wunderbaren Speisung einer so großen Menge in sein Werk aufzunehmen, berechtigt zu der Vermutung, daß es sich bei ihr um eine in der mündlichen Überlieferung umlaufende Variante der ersten handelt. So konnte man auch von einer Stillung des Sturmes durch Jesus und von seinem nächtlichen Wandeln über das bewegte Meer erzählen.

Jene soll sich nach Mk 4,35-41 (Lk 8,22-25; Mt 8,18.23-27) ereignet haben, als er zusammen mit seinen Jüngern nachts über den See Genezareth setzte. Als sich ein Sturm erhob, schlief Jesus ruhig im Heck, so daß die Jünger ihn weckten, weil sie überzeugt waren, daß er sie längst hätte retten sollen. In der Tat reichte es aus, daß er dem Wind befahl, sich zu legen; denn sogleich trat eine große Stille ein. Jesus aber warf ihnen Feigheit und Kleingläubigkeit vor: Sie hätten wissen können, daß er auch ein Herr der Winde und Wellen sei. Die Jünger aber gerieten nicht in Begeisterung, sondern in große Furcht. Jesus wurde ihnen unheimlich, so daß sie sich fragten: *»Wer ist er denn, daß ihm Wind und Wellen gehorchen?«* Ob der Erzähler dabei an Ps 89,10 dachte, wo Jahwe als der gepriesen wird, der über das Ungestüm des Meeres herrscht und es stillt, wenn sich seine Wellen erheben?

Die Legende von dem nächtlichen Meerwandeln Jesu berichtet, daß die Jünger abends auf seinen Befehl allein mit dem Schiff nach Bethsaida übersetzten, weil er vorher in der Einsamkeit beten wollte. Im Dämmerlicht hatten sie Jesus über das stürmisch bewegte Meer wandeln sehen, so daß sie ihn für ein Gespenst hielten. Aber er gab sich ihnen zu erkennen und stieg in ihr Schiff, worauf sich der Wind sogleich legte (Mk 6,45-52, vgl. Joh 6,16-21). Matthäus hat diese Erzählung um die vom sinkenden Petrus ergänzt: Danach verlangte Petrus als Zeichen dafür, daß es wirklich Jesus sei, der über den Wellen wandelte, daß er ihm befehle, auf dem Wasser zu ihm zu kommen. Und so geschah es. Aber als Petrus auf den Sturm achtete, bekam er es mit der Angst zu tun und begann zu versinken, so daß er rief: *»Herr, rette mich!«* Da ergriff ihn Jesus und fragte vorwurfsvoll, warum er gezweifelt habe. Als beide im Schiff anlangten, legte sich der Wind. Daraufhin sollen sich alle seine Insassen vor Jesus niedergeworfen und bekannt haben: *»Du bist wahrhaftig Gottes Sohn!«* (Mt 14,28-32)

Bei genauerer Untersuchung läßt sich erkennen, daß die Legende von der Sturmstillung ihr Motiv an die andere vom Meerwandeln Jesu abgegeben hat und Matthäus schließlich die so erweiterte Geschichte um die vom Meerwandeln des Petrus ergänzt hat: Dadurch ist die ganze Erzählung Mt 14,2-32 zu einem Beispiel dafür geworden, daß der Glaube die Christen nur so lange trägt, wie sie nicht an Gottes bzw. Christi Macht, zu helfen, zweifeln. Zu erinnern ist jedoch auch an die Erzählung vom Fischzug des Petrus in Joh 21,1-13, in der sich Petrus in den See wirft, um zu dem am Ufer stehenden Jesus zu schwimmen. So ist es nicht ausgemacht, ob sich hinter der Erzählung von dem über das Meer wandelnden Jesus und hinter der von dem zu ihm über die Wellen schreitenden Petrus nicht eine Erzählung von der Erscheinung des Auferstandenen verbirgt (vgl. S.131).

Der Hörer bzw. Leser soll durch die Reaktionen, die Jesu Krankenheilungen, Dämonenaustreibungen und Machttaten bei den Zeugen auslösen, veranlaßt werden, sich selbst die Frage stellen, wer dieser Jesus eigentlich gewesen ist. Dadurch wird er auf das Bekenntnis des Petrus vorbereitet, mit dem er die von Jesus auf einer Wanderung in der Nähe von Caesarea Philippi den Jüngern gestellte Frage, für wen sie ihn hielten, beantwortet: »*Du bist der Christus/der Gesalbte!*« (Mk 8,29; Lk 9,20) Es leitet zu dem »*Ich bin es!*« weiter, mit dem sich Jesus auf die Frage des Hohenpriesters, ob er der Gesalbte, der Sohn des Hochgelobten oder Gottes sei, zu seiner Sendung bekennt (Mk 14,61-62; Mt 27,63-64; vgl. Lk 22,70).

Wie Einleitung und Schluß der Jüngerlehre in Mk 8,42-10,45 zeigen, hat der irdische Jesus keinen einzelnen seiner Jünger zu seinem Nachfolger bestimmt, sondern sie alle zu seiner Nachfolge verpflichtet, die die Bereitschaft zum Zeugentod miteinschließt (Mk 8,42-45), und sie im Gegensatz zu allen irdischen Machtverhältnissen zum Dienst aneinander verpflichtet (Mk 10,42-44, vgl. S. 91-92).

Erst die Aufgabe, die heidenchristlichen Gemeinden zu leiten, hat im Westen Petrus und Paulus und in Kleinasien Johannes eine führende Rolle zugewiesen, die nach der Hinrichtung des Herrenbruders Jakobus an Bedeutung gewonnen hatte. Das spiegelt sich in der Neufassung der Antwort Jesu auf das Petrusbekenntnis in Mt 16,17-19 (vgl. Lk 5,10; Joh 21,15-23):

17 »Selig bist du, Simon, Sohn des Jona, denn Fleisch und Blut haben es dir nicht offenbart, sondern mein Vater, der in den Himmeln (ist). 18 Ich aber sage dir: Du bist Petrus (Fels), auf diesen Felsen will ich meine Kirche bauen und die Pforten der Unterwelt werden nicht mächtiger sein als sie. 19 Ich will dir die Schlüssel des Himmelreiches geben, und wenn du einen bindest auf Erden, soll er in den Himmeln gebunden sein, und wenn du einen lossprichst auf Erden, soll er in den Himmeln losgesprochen sein.«

An diesem Beispiel läßt sich erkennen, daß Legenden in der Regel einen Haftpunkt in der Geschichte ihrer »Helden« besitzen. Was die Rolle des Petrus betrifft, so kommen wir im folgenden Kapitel noch einmal auf sie zu sprechen. Um das vorliegende Thema abzuschließen, können wir diese Beobachtung auch im Blick auf Jesu Wirken anwenden und festhalten, daß er über besondere Kräfte verfügt haben muß, wie sie ihm in den hier behandelten Legenden zugeschrieben werden, ohne daß wir im Einzelfall in der Lage sind, ihre Geschichtlichkeit zu beweisen.

7. JESUS UND DIE PHARISÄER

Die Evangelisten lassen von Anfang an keinen Zweifel daran, daß Jesus durch die Unbefangenheit seines Helfens und die Unbekümmertheit seiner Jünger im Umgang mit

den Reinheitsgeboten die Kritik und schließlich die Feindschaft der Pharisäer und Schriftgelehrten herausgefordert
hat. Die Geschichte seiner Erfolge ist daher die Vorgeschichte seines Leidens. Am deutlichsten tritt das bei
Markus hervor, bei dem schon die ersten drei Kapitel zu
dem Beschluß seiner Gegner führen, Jesus aus dem Weg
zu räumen. Für sie war jede Übertretung des Sabbatgebots
und der Reinheitsvorschriften eine Handlung, welche die
Erlösung Israels verzögerte. Seine Kritiker nahmen Anstoß
daran, daß Jesus (nach der Berufung des Zolleinnehmers
Levi) mit Sündern und Zöllnern zu Tische saß, und machten eine entsprechende Bemerkung den Jüngern gegenüber (Mk 2,13-17; vgl. V.16). Jesus aber hörte das und
erklärte (Mk 2,17): »*Die Gesunden bedürfen des Arztes
nicht, sondern die Kranken. Ich bin nicht gekommen,
die Gerechten zu rufen, sondern die Sünder.*« Ebenso verwunderte man sich darüber, daß Jesus und seine Jünger,
anders als die Pharisäer und die Jünger Johannes des
Täufers, statt zu fasten, mit ihm feierten (Mk 2,18-22,
vgl. V.18b). Jesu Antwort lautete (V.19-20): »*Können etwa
die Hochzeitsgäste fasten, während der Bräutigam bei
ihnen ist? Solange der Bräutigam bei ihnen ist, können
sie nicht fasten. Doch es werden Tage kommen, an denen
der Bräutigam von ihnen genommen ist, und dann
werden sie an jenem Tage fasten.*« Jesu Gegenwart und
Zukunft werden hier zusammengeschaut: Solange die Jünger mit Jesus zusammen sind, leben sie in einer Freuden-
zeit. Wenn er ihnen genommen wird, wird es auch für
sie Zeit zum Fasten sein. Nach Lk 7,33-35 hat Jesus in der
Täufer-Predigt sein Verhalten dem des Täufers gegenüber-
gestellt:

*33 »Denn es kam Johannes der Täufer, aß kein Brot und
trank keinen Wein, und ihr sagt: ›Er hat einen Dämon.
34 Der Sohn des Menschen ist gekommen, ißt und trinkt,*

und ihr sagt: ›Siebe, ein Fresser und Weinsäufer, ein Freund der Zöllner und Sünder.‹ 35 Aber die Weisheit ist von all ihren Kindern gerechtfertigt worden.«

Rätselhaft klingt der Schlußvers. Er dürfte meinen, daß die »*Kinder der Weisheit*« (oder schlichter gesagt: die Einsichtigen) die göttliche Weisheit rechtfertigen, indem sie sich von Johannes taufen und durch Jesus ihre Sünden vergeben lassen und mit ihm Gemeinschaft halten (vgl. auch Lk 11,49; 21,14-15).

Weiterhin erschien es den Pharisäern als ein Sakrileg, daß seine Jünger von ihm ungerügt Ähren am Sabbat rauften (Mk 2,23-28, vgl. 24). Denn das biblische Sabbatgebot verbietet an diesem Tage jegliche Arbeit, und sei es auch nur das Anzünden eines Feuers (vgl. Ex 20,8-11; 31,13-17; 35,2-3). Schlagfertig hat Jesus den ihn deshalb zur Rede stellenden Pharisäern erwidert (Mk 2,27): »*Der Sabbat ist um des Menschen willen entstanden, aber der Mensch nicht um des Sabbats willen.*« In dem Zusatz »*Daher ist der Menschensohn auch Herr des Sabbats!*« wird die Freiheit seiner Jünger durch die Vollmacht Jesu als dem gegenwärtigen (und damit dem zum Endgericht kommenden) Menschensohn legitimiert: Er ist der Herr des Sabbats!

In der Bearbeitung einer Erzählung von der Heilung eines Gelähmten haben die nachösterlichen Tradenten einen Streit um die Vollmacht des Auferstandenen zur Sündenvergebung eingetragen. Gott, so folgert Markus aus dem überlieferten Heilungsbericht, hat sie schon zu seinen Lebzeiten durch ein Heilungswunder beglaubigt und sie damit bestätigt (Mk 2,1-12; vgl. V.6-11): »*Was macht ihr euch solche Gedanken in euren Herzen? Was ist leichter, zu einem Gelähmten zu sagen: Dir sind deine Sünden vergeben, oder zu sagen: Stehe auf und nimm dein Bett und gehe weg? Damit ihr aber erkennt, daß der Menschensohn die Vollmacht hat, Sünden auf Erden zu vergeben*« – sagt er zu *dem Gelähmten: »Ich sage zu dir: Stehe auf, nimm dein Bett und gehe in dein Haus!«*

Ein andermal soll Jesus an einem Sabbat in einer Synagoge einen Mann mit einer verdorrten Hand entdeckt und gleichzeitig bemerkt haben, wie ihn die Pharisäer belauerten. Da soll er sie gefragt haben, ob man am Sabbat Gutes oder Böses tun, Leben erhalten oder zerstören solle. Als sie ihm nicht geantwortet haben, sondern schwiegen, soll er dem Kranken befohlen haben, seine Hand auszustrecken – da war sie genesen (Mk 3,1-5). – Der Knoten ist geschürzt: Die ganze Sequenz schließt in Mk 3,6 mit der Mitteilung des von den Pharisäern und den Beamten des Herodes (Antipas) gefaßten Beschlusses, Jesus zu vernichten. Trotzdem verbietet die Überlieferung, ziehen wir auch noch das Johannesevangelium zu Rate, ein globales Urteil der Art, daß sämtliche Pharisäer ihm feindlich gesinnt gewesen wären und sein Todesurteil gefordert hätten, denn nach Joh 7,45-53 und 19,39 soll der pharisäische Ratsherr Nikodemus sich zum Beispiel der Vorverurteilung Jesu widersetzt und dem Toten die letzte Ehrung der Salbung erwiesen haben (vgl. auch Apg 23,6-9).

V Von Jesu letztem Mahl, Leiden und Sterben

1. DIE LEIDENSGESCHICHTE

Die Leidensgeschichte gliedert sich, dem Ablauf des Geschehens folgend, in acht Szenen: (1) Jesu Salbung in Bethanien als Vorwegnahme der Salbung seines Leichnams, (2) die Feier von Jesu letztem Mahl, (3a) die Ankündigung der Verleugnung des Petrus und (3b) ihre Erfüllung, die entweder vor oder nach (5) eingeordnet wird; (4) die Verhaftung Jesu, (5) das Verhör durch den Hohepriester und die Verurteilung durch den Hohen Rat, (6) das Verhör durch den römischen Statthalter Pontius Pilatus samt der Bestätigung des Todesurteils und (7) seine Vollstreckung. An sie schließt sich (8) der Bericht von Jesu Beisetzung an. Diesem durch den Gang der Ereignisse bedingten Ablauf folgen alle vier Evangelien. In den Einzelheiten gibt es jedoch beträchtliche Abweichungen. So schalten die drei ersten Evangelisten zwischen die Szenen (2) und (4) eine weitere von der Versuchung Jesu im Garten Gethsemane ein. Im Johannesevangelium stehen statt dessen Jesu Abschiedsreden und sein Hohepriesterliches Gebet (Joh 14-17). Die Abendmahlsworte sind wohl erst nachträglich in Joh 6,51-59 an ein Streitgespräch Jesu mit »den Juden« angehängt, in dem er sich im Anschluß an den Bericht von der Speisung der 5000 als das wahre Himmelsbrot vorstellt (vgl. V. 26-50). In der Erzählung vom Abschiedsmahl Jesu mit seinen Jüngern ist statt dessen von der Fußwaschung der Jünger durch Jesus (Joh 13,1-17a) und der anschließenden Bezeichnung des Verräters die Rede (13,17b-30). Lukas hat dagegen lediglich den Bericht von der Verleugnung des Petrus vor den vom Verhör und der Verurteilung durch den Hohen Rat gestellt, weil er ihren Zusammenhang mit der Vernehmung durch Pilatus und den Tetrarchen Herodes Antipas nicht unterbrechen wollte. Sieht man von diesen und anderen kleineren Abweichungen im Matthäus- und Lukasevangelium ab, so stimmen die Evangelien in allen wesentlichen Zügen der Leidensgeschichte überein.

Die in Mk 14,1 einsetzende und die beiden letzten Kapitel
füllende Geschichte von Jesu Leiden und der Entdeckung
seines leeren Grabes am Ostermorgen bildet den Zielpunkt
des ganzen Evangeliums. In ihr sollen die Leser endlich eine eindeutige Antwort aus Jesu eigenem Mund erhalten,
wer er eigentlich gewesen ist. Markus hatte von Anfang an
keinen Zweifel daran aufkommen lassen, von wem die folgenden Berichte und Geschichten handeln. Denn schon
im 1. Kapitel läßt er eine »himmlische Stimme« Jesus als
den Sohn Gottes präsentieren. Während er von Johannes
getauft wurde, habe Gott selbst erklärt (Mk 1,11): *»Du bist
mein geliebter Sohn, an dir habe ich Wohlgefallen!«* – Als
solchen bestätigt ihn dann die Stimme aus der Wolke auf
dem Berg der Verklärung: *»Dies ist mein geliebter Sohn,
hört auf ihn!«* (Mk 9,7) Doch seltsamerweise verbietet Jesus den Jüngern, wie er es von Anfang an bei den von ihm
Geheilten und den von ihm ausgetriebenen Dämonen gehalten haben soll, von dem Erlebten vor seiner Auferstehung zu berichten (Mk 9,9). Statt dessen geht das öffentliche Rätselraten weiter, ob er der (nach der Prophezeiung
in Mal 3,23-24 [4,5-6]) wiedergekommene Prophet Elia,
Johannes der Täufer oder ein anderer Prophet sei (Mk
8,27-28).

Man hat das Markusevangelium deshalb das Buch der
geheimen Epiphanien, der geheimen Offenbarungen der
Herrlichkeit Jesu, genannt. Schon nach seiner ersten Predigt »erstaunten [die Hörer] *über seine Lehre; denn er be-
lehrte sie wie einer, der Vollmacht besitzt, und nicht wie die
Schriftgelehrten«* (Mk 1,22). Schon nach seiner ersten Heilung, die er an einem Besessenen in der Synagoge zu Kapernaum vornahm, fragten sich die Leute, wer dieser neue
Wundermann sei (Mk 1,27-28): *»Was soll das bedeuten? Eine neue Lehre mit Vollmacht! Dazu gebietet er den unrei-*

nen Geistern, und sie gehorchen ihm. Und es verbreitete sich die Kunde von ihm sogleich überall im ganzen galiläischen Umland.« Aber Jesus soll anschließend dem zuerst von ihm geheilten Aussätzigen befohlen haben, keinem Menschen davon zu berichten (Mk 1,43-44). Nicht anders habe er es bei dem zweiten, von ihm geheilten Aussätzigen (Mk 6,56), bei der Wiederbelebung der Tochter des Synagogenvorstehers Jairus (Mk 5,43) und der Heilung des Taubstummen (Mk 7,36) und später des Blinden (Mk 8,26) gehalten: Jedesmal läßt ihn Markus das Verbot wiederholen. Selbstverständlich soll er es auch den Dämonen, die ihn dank ihrer Zugehörigkeit zum Geisterreich sogleich als den Sohn Gottes erkannten, untersagt haben, ihr Wissen kundzutun (Mk 3,11-12). Selbst als Petrus die von ihm an die Jünger gerichtete Frage, wer er sei, richtig mit dem Bekenntnis beantwortete: *»Du bist der Gesalbte* [Christus]*!«,* soll Jesus den Jüngern verboten haben, es weiterzusagen.

Erst in der geheimen Vernehmung vor dem Hohepriester soll er sich zu seiner Messianität und seiner Identität mit dem kommenden Menschensohn als dem Weltenrichter bekannt haben (Mk 14,62). Öffentlich aber bekennt es der römische Hauptmann unter dem Kreuz angesichts Jesu schnellen und frommen Todes (Mk 15,39): *»Dieser Mensch war in Wahrheit Gottes Sohn!«*

Damit spricht ein Heide das Schlußwort zur Geschichte des irdischen Jesus. Auf dem Dreiklang von göttlicher Präsentation (Mk 1,11), Proklamation (Mk 9,7) und menschlicher Akklamation (Mk 14,62) beruht die Christologie des Markusevangeliums: Jesu irdische Geschichte erweist ihn als den Sohn Gottes, den von Gott bevollmächtigten Erlöser, als den ihn die Auferweckung von den Toten legitimiert.

Es ist verständlich, daß dieser auffallende Befund die Gelehrten herausgefordert hat, eine einleuchtende Antwort auf die Frage zu geben, welche Absicht der Evangelist mit der

Geheimhaltung der wahren Würde Jesu bis zum letzten Augenblick verfolgte, zumal die von Jesus vollzogenen Heilungen sich der Sache nach gar nicht geheimhalten ließen. Die kritische Antwort lautet, daß sich in dieser Theorie die Tatsache spiegelt, daß sich der irdische Jesus weder für den Sohn Gottes noch für den Messias noch für den Menschensohn gehalten habe. Die drei Hoheitstitel stellten erst die Antwort des Glaubens auf die nachösterlichen Erscheinungen Jesu dar. Zur Rechtfertigung dieser Erklärung läßt sich vor allem auf das den Jüngern nach seiner Verklärung erteilte Verbot verweisen, vor seiner Auferstehung etwas über ihn als den Gesalbten Gottes verlauten zu lassen (Mk 8,30; Lk 9,21; Mt 16,20). Weiterhin kann man an die empfindliche Reaktion erinnern, mit der Jesus selbst auf die Anrede als *»Guter Lehrer«* durch den sogenannten »reichen Jüngling« oder besser »Reichen« reagiert: *»Was nennst du mich ›gut‹? Niemand ist gut außer Gott allein!«* (Mk 10,17-18)

Man steht, wenn man den Gang Jesu in seinen Tod bedenkt, vor drei Alternativen: Die erste bestünde darin, ihn für einen »Gottesnarren« zu halten, der aufgrund seines Gottvertrauens nicht über den Tag hinausdachte und seine Zukunft schlechthin in Gottes Hand legte. Als solcher hätte er kein letztes Mahl mit seinen Jüngern gefeiert, sondern wäre er ahnungslos in die ihm von seinen Gegnern gestellte Falle hineingelaufen. Die zweite bestünde darin, daß er bei seinem Zug nach Jerusalem darum gewußt hätte, daß er dort angesichts der Macht seiner Gegner den Tod finden würde. Da er dieser Gefahr nicht ausgewichen ist, muß er sie als Teil seiner Sendung betrachtet haben. Damit stellt sich zugleich die Frage, ob er sich drittens als den im vierten Gottesknechtslied (Jes 52,13-53.12) geweissagten leidenden Gerechten verstanden hat, wie es das Kelchwort bei der Stiftung des Abendmahls in Mk 14,22 unterstellt. Der Evangelist will seine Leser zu der Gewißheit führen, daß Jesus der leidende Gerechte und Gottessohn gewesen ist, der sein Leben für die Sünden der Vielen in den Tod gegeben hat. Das von ihm auf Erden ausgeübte Richteramt aber sollte in der Verkündigung von ihm seine Fortsetzung finden, bis er selbst am Ende der Zeiten als Menschensohn zum Weltgericht wiederkäme (Mk 15,62).

Erst vom Ende her soll es den Lesern wie einst den Zeugen gewiß werden, was der Evangelist eine himmlische Stimme am Anfang verkünden und bei der Verklärung erneuern läßt, daß er der Sohn Gottes ist, an dem der himmlische Vater Wohlgefallen hat (Mk 1,11) und auf den seine Jünger hören sollen (Mk 9,7). Erst als sich der Gekreuzigte den Jüngern am dritten Tag als der Auferstandene offenbart hatte, erhielt der Glaube die Gewißheit, daß sein messianisches Amt darin bestanden hatte, stellvertretend für die Sünde der Vielen zu leiden. Bis dahin aber sollen die nach dem Willen des Evangelisten von Jesus unterdrückten Bekenntnisse den Leser/den Hörer immer wieder vor die Frage stellen, ob hier tatsächlich von dem Sohn Gottes die Rede ist, als den ihn die himmlische Stimme in Mk 1,11 proklamiert hatte. Er selbst soll die Antwort geben.

Nach den drei Leidensweissagungen im Markusevangelium, die von Lukas und Matthäus übernommen worden sind, soll Jesus seinen Jüngern seine Hinrichtung und seine Auferstehung prophezeit haben. Die erste Leidensankündigung steht unmittelbar hinter dem Bericht von dem Bekenntnis des Petrus, das er im höchsten Norden des Landes in der Gegend von Caesarea Philippi abgelegt haben soll (Mk 8,31; Lk 9,22; Mt 16,21). Die zweite soll sich nach der Verklärung (Mk 9,31; Lk 9,44; Mt 17,22-23) und die dritte und letzte auf dem Wege nach Jerusalem ereignet haben (Mk 10,32-34; Lk 18,31-33). In ihren Formulierungen sind sie nachösterlich, aber daß Jesus nicht unvorbereitet in die ihn in Jerusalem erwartende Falle gelaufen ist und versucht hat, seine Jünger darauf vorzubereiten, bleibt trotzdem wahrscheinlich. Die Jünger sollen allerdings auf alle drei Ankündigungen mit Unverständnis reagiert haben und Petrus soll Jesus nach der ersten auf die Seite genommen und versucht haben, ihm solche Gedanken auszureden. Jesus aber habe ihn mit den Worten zurechtgewiesen: *»Geh weg von mir, Satan! Denn du stehst nicht auf der Seite Gottes, sondern der Menschen!«* (Mk 8,32-33) Wer Jesus von seinem Weg in den Tod hat abhalten wollen, spielte nach der Überzeugung des Evangelisten die Rolle des Satans, der Macht des Bösen, die sich in aller Gewalttätigkeit und Bosheit manifestiert und stets dazu verlockt, das Gegenteil von dem zu tun, was nach Gottes Willen geschehen sollte.

Wer seine Predigt vom Himmelreich verstehen will, muß ebenso umdenken wie der, der seine Geschichte an dem in PsSal 17 enthaltenen Messiasbild mißt: Denn es geht in Gottes Reich nicht wie in den irdischen Reichen zu, in denen die Großen die Kleinen beherrschen und ihre Günstlinge einen Ehrenplatz einnehmen. Das lehren die beiden Szenen, welche die abschließende Gemeinde- und Jüngerbelehrung in Mk 9,33-10.45 rahmen. Die erste handelt vom Streit unter den Jüngern, wem unter ihnen der Vorrang gebühre (Mk 9,33-37; Lk 9,46-50; Mt 18,1-9). Sie legt sich wie ein Mantel um das ihre Mitte bildende Jesuswort in V.35: *»Wenn jemand der Erste sein will, der muß von allen der Letzte sein und allen dienen!«* Dann aber heißt es sogleich in V.37: *»Wer eines von diesen Kindern in meinem Namen aufnimmt, der nimmt mich auf!«* Oder um es mit einem Wort des erhöhten Herrn in Mt 25,40 zu sagen: *»Was ihr einem unter diesen meinen geringsten Brüdern getan habt, das habt ihr mir getan.«* Die zweite Szene beschließt die ganze Gemeinde- und Jüngerlehre und handelt von der Bitte der beiden Jünger Johannes und Jakobus, der Söhne des Zebedäus, er möge sie in seiner Herrlichkeit zur Rechten und Linken seines Thrones sitzen lassen (Mk 10,35-45; Mt 20,20-23). Doch statt der Bitte zu entsprechen, läßt der

Evangelist ihnen Jesus verschlüsselt voraussagen, daß sie wie er den Leidenskelch trinken und die Bluttaufe erleiden würden. Entscheidend sind in diesem Fall die Schlußverse, welche den Herrschern dieser Welt die Jünger gegenüberstellen; denn während sich weltliche Größe in Herrschaft über andere aufgrund von Macht und Einfluß manifestiert, soll unter den Jüngern Jesu ein Geist der Hilfsbereitschaft herrschen. Der Apostel Paulus hat das auf die Formel gebracht (Gal 6,2): *»Einer trage des anderen Last, so werdet ihr das Gesetz Christi erfüllen.«* Nach dem Willen Jesu ist der der Größte unter seinen Jüngern und entsprechend in seinen Gemeinden, er sich als aller Diener versteht (Mk 10,42-44): *»Ihr wißt, daß die, die als Herrscher der Völker gelten, sie unterjochen und ihre Großen ihre Macht über sie mißbrauchen. Unter euch aber ist es nicht so, sondern: Wer unter euch groß sein will, der sei aller Diener, und wer unter euch der Erste sein will, der sei aller Knecht.«*

An den letzten Vers schließt sich eine verschlüsselte Umschreibung der Sendung Jesu an, wie sie die Gemeinde nach seinem Leiden und seiner Versetzung in die himmlische Herrlichkeit zu ihrem Bekenntnis erhoben hat (Mk 10,45): *»Denn auch des Menschensohn ist nicht gekommen, um sich dienen zu lassen, sondern um zu dienen und sein Leben als Lösegeld für viele zu geben.«* Diese Aussage wird in 1 Tim 2,6 aufgenommen. Sie entspricht dem zentralen Satz des urchristlichen Bekenntnisses, daß Jesus Christus sein Leben zur Vergebung der Sünde von vielen in den Tod gegeben hat (1 Kor 15,3; vgl. Mk 14,24). So läßt der Evangelist Jesus die Rede von ihm als dem Messias oder Sohn Gottes zurückweisen, solange sie im politischen Sinne mißdeutet werden konnte, während er den Leser gleichzeitig darauf vorbereitet, daß Jesus sich schließlich zu diesem Doppelamt bekennen und von Gott durch seine Auferstehung als solcher legitimiert wird (Röm 1,4).

Ohne das von den Evangelien überlieferte und gedeutete Bild seines Wirkens und ohne seine Worte, die ihn als einen dank seines Gottvertrauens innerlich freien und souveränen Menschen erkennen lassen, wäre der Auferstandene nichts als ein mythisches Wesen. Er war zu seinen Lebzeiten ein Redner, Heiler und Mensch, der durch seine bloße Gegenwart die Geister schied; indem die einen ihre Sünden bereuten und seiner Botschaft vom kommenden Reich glaubten, während die anderen in ihm einen Menschen erkannten, der die von ihnen verteidigte jüdische Lebensordnung gefährdete. Was sich damals ereignet hat, wiederholt sich überall dort, wo in seinem Namen zur Umkehr aufgerufen und die Nähe der Königsherrschaft Gottes verkündigt wird.

3. JESU LETZTES ABENDMAHL
   UND DIE BEZEICHNUNG DES VERRÄTERS

Das Markusevangelium hat Jesu letztes Mahl aus kontroverstheologischen Gründen durch die Einfügung von 14,12-16 in den Rahmen der Passahfeier gestellt, ohne sich weiterhin an dessen Verlauf zu halten und auf die Inkonsequenz zu der Angabe in 14,2 zu achten, nach der die Hohenpriester und die Schriftgelehrten Jesus vor dem Fest aus dem Weg schaffen wollten. Durch die in 14,12-16 vorgenommene zeitliche Gleichsetzung von Jesu Mahl mit dem Passahmahl deutete der Evangelist das Abendmahl als Ablösung der jüdischen Feier des Passah: Dadurch entspricht die Erlösung der Christen von der Macht der Sünde der Erlösung Israels aus dem ägyptischen Sklavenhaus.

Zum besseren Verständnis des Zusammenhangs des in die Tage vor dem Passah fallenden Leidens Jesu sei knapp berichtet, was sich bei dieser alljährlich im Frühling begangenen Feier in Jerusalem abspielte: Die Stadt war zu klein, um die Fülle der zu diesem Fest einströmenden Pilgermassen zu fassen. Zu ihren etwa 55 000 Einwohnern kamen noch einmal rund 125 000 auswärtige Gäste, die keineswegs sämtlich in den Häusern der Stadt eine Unterkunft fanden, sondern teils in ihren Vororten, teils in Zelten untergebracht werden mußten. Im Zentrum der Feier stand das Passahmahl, an dem am Vorabend des Festes zur Erinnerung an die Befreiung Israels aus Ägypten ein gebratenes Lamm verzehrt wurde (Ex 12,1-11). Selbst wenn etwa 10 Personen sich ein Lamm teilten, waren rund 18 000 Lämmer erforderlich, die am Nachmittag des 14. Nisan vor dem mit dem Abend beginnenden Festtag des 15. Nisan geschlachtet wurden. Da das Mahl jedoch innerhalb der Stadtmauern gehalten werden mußte, waren die Festpilger auf die gastliche Aufnahme in den Häusern Jerusalems angewiesen, wobei vermutlich sehr viele ein Stammquartier besaßen. Dem entspricht es, daß Jesus mit dem aus seinen Jüngern und einigen Frauen bestehenden Gefolge in Bethanien Quartier bezogen hatte, einem Dorf, das wenige Kilometer südöstlich Jerusalems an der Straße nach Jericho liegt (Mk 11,11-12). Vermutlich fand er dort im Hause Simons des (ehemaligen) Aussätzigen Aufnahme, in dem ihn eine Sünderin gesalbt haben soll (Mk 14,3). Die Nacht auf den Rüsttag des Passah scheint er dagegen zusammen mit seinen Jüngern im Garten Gethsemane verbracht zu haben, der etwa 300 m östlich der Stadtmauern auf dem unteren Nordhang des Kidrontals liegt (Mk 14,32; Joh 18,1). Dort wurde er aufgrund des Verrats durch seinen Jünger Judas Iskarioth von einer vom Hohen Rat ausgesandten Streifschar verhaftet (Mk 14,43-52).

Nach Joh 18,28 fand das Passahmahl erst am Abend nach der Hinrichtung Jesu statt, das Abendmahl aber nach Joh 13,1 am Abend davor und also am Donnerstagabend. Die Kreuzigung erfolgte dagegen am Freitag, dem 14. Nisan, an dessen Abend der 15. Nisan und damit das Passah begann. Diese Datierung verdient deshalb den Vorzug, weil Pilatus aus Rücksicht auf die Juden kaum eine Hinrichtung am Passah vorgenommen hätte und die Hohenpriester und Schriftgelehrten aus Reinheitsgründen verhindert gewesen wären, ihr beizuwohnen. Folgt man dieser kalendarischen Einsicht, stellt sich allerdings das Problem, warum Jesus bereits einen Abend vorher ein Abschiedsmahl abgehalten und an seinem Ende Brot und Wein als Hinweis auf seinen Opfertod verteilt bzw. den Jüngern die Füße gewaschen hat. Man muß in diesem Fall davon ausgehen, daß er bereits wußte, daß er noch am selben Abend verhaftet würde.

Die Mahlfeier wird durch den Verrat des Judas Iskarioth überschattet, über den Markus bereits im Anschluß an die Geschichte von der Salbung Jesu durch die Sünderin berichtet hatte (Mk 14,10-11): *»Und Judas Iskarioth, einer der Zwölf, ging fort zu den Hohenpriestern, um ihn diesen auszuliefern. Die aber waren erfreut, als sie es hörten, und kündigten an, ihm dafür Geld zu geben. Auch suchte er, wie er ihn bei einer passenden Gelegenheit ausliefern könnte.«* Die Erzählung vom Abendmahl wird durch seine indirekte Überführung durch Jesus eröffnet (Mk 14,18-21), im Anschluß an den Bericht von Jesu Gebetskampf im Garten Gethsemane erscheint Judas mit der zu seiner Festnahme ausgeschickten Streifschar und bezeichnet ihn durch seinen Kuß als den Gesuchten (V.44-45). Das Matthäusevangelium berichtet darüber hinaus, daß Judas, als er sah, daß Jesus zum Tode verurteilt war, seine Tat bereute, den »Judaslohn« in Gestalt von dreißig Silbermünzen den Hohenpriestern und Ältesten vor die Füße warf, hinausging und sich erhängte (Mt 27,3-10). Daß in der Passionsgeschichte wiederholt von *den* Hohenpriestern statt von *dem* Hohenpriester die Rede ist, erklärt sich dadurch, daß zwar immer nur ein Hoherpriester amtierte, aber die von den Römern abgesetzten damit ihr Ansehen bei den Juden nicht verloren hatten. So blieb vor allem der schon 15 n. Chr. seines Amtes enthobene Hannas I. auch zur Zeit seines dritten Nachfolgers und Schwiegersohns Joseph mit dem Beinamen Kaiphas ein einflußreicher Mann. Drei seiner Söhne und einer seiner Enkel sollten bis zu der Zerstörung des Tempels das Amt ihres Vaters bzw. Großvaters bekleiden.

Die Absicht des hohen Gremiums, Jesus schon vor dem Fest aus dem Weg zu räumen (Mk 14,1-2) war ihnen nach Mk 14,12-17 nicht gelungen. Markus hat diese Szene wie die von der Besorgung des Esels in 11,1-6 eingefügt, um Jesu Vorherwissen zu unterstreichen, und damit in Kauf genommen, daß das Mahl erst auf den 14. (Mk 14,12) und die Hinrichtung auf den 15. Nisan fiel. Scheidet man die Szene aus dem der Tradition entnommenen Abendmahlsbericht aus, ist die Konkordanz mit dem Johannesevangelium hergestellt, so daß das Abschiedsmahl schon einen Abend vor dem Passahmahl und sein Tod in die Stunde der Schlachtung der Passahlämmer am 14. Nisan fällt. Es sei jedoch ausdrücklich angemerkt, daß die Gelehrten in dieser Frage verschiedene Ansichten vertreten.

Unter diesem Vorbehalt und Vorzeichen seien die drei sich unterscheidenden Abendmahlsberichte auf ihre Gemeinsamkeiten und Unterschiede hin bedacht und versuchsweise die Frage nach der Urfassung der Einsetzungsworte beantwortet: Die älteste Fassung findet sich im 1. Korintherbrief, den Paulus vermutlich 54 n. Chr. geschrieben hat (1 Kor 11,23-25). Sie ist mithin rund 20 Jahre nach Jesu Tod aufgezeichnet worden. Etwa fünfzehn Jahre später hat Markus sein Buch verfaßt und einen knapperen Wortlaut überliefert (Mk 14,22-25). Ihm entspricht mit geringfügigen Änderungen der in Mt 26,26-29. Eine dritte Fassung bietet Lukas. Sie ergänzt den bei Paulus überlieferten Wortlaut durch interpretierende Zusätze (Lk 22,15-20). Der Vergleich zwischen den dreien zeigt, daß der Bericht des Markusevangeliums den Vorgang historisiert; denn in ihm fehlen sowohl der Zuspruch an die Jünger als auch der Wiederholungsbefehl, die beide in der paulinischen und der lukanischen Fassung begegnen. Beide Berichte sind mithin auf die gottesdienstliche Praxis hin orientiert. Somit stehen der historisierenden Fassung des Markusevangeliums die liturgischen des Apostels Paulus und des Lukas gegenüber. Ehe wir die verschiedenen Fassungen vergleichen, sei zur besseren Orientierung der Abendmahlsbericht des Markus als ganzer vorgestellt (Mk 14,22-25):

22 Und während sie aßen nahm er [Jesus] *das Brot, sprach das Dankgebet, brach es und gab es ihnen und sagte: »Nehmt! Dies ist mein Leib.« 23 Und er nahm den Kelch, sagte Dank und gab ihn diesen, und sie tranken alle aus ihm. 24 Und er sagte zu ihnen: »Dies ist mein Blut des Bundes, das für viele vergossen wird. 25 Wahrlich, ich sage euch: Ich werde von dem Gewächs des Weinstocks nicht mehr trinken, bis zu dem Tage, an dem ich es neu trinken werde in Gottes Reich.«*

Die Frage, welche der drei Fassungen der Abendmahlsworte als die älteste anzusehen ist, suchen wir nun mittels eines großflächigen Vergleichs zu beantworten; denn die Diskussion der Einzelheiten würde den vorliegenden Rahmen sprengen. Dabei können wir davon ausgehen, daß die Gleichsetzung des Blutes Jesus mit dem Blutopfer des Neuen Bundes erst auf dem Boden des Heidenchristentums erfolgt ist, als es sich seiner Eigenständigkeit gegenüber dem Judentum bewußtgeworden war. Diese Annahme läßt sich mit der Beobachtung untermauern, daß die Weissagung vom Neuen Bund 31,31-34 in der Jesusüberlieferung der Evangelien anders als z.B. in der in der Qumranhöhle 1 gefundenen essenischen Gemeindeordnung keine Rolle spielt. Wer ihr angehören wollte, mußte in ihren Bund eintreten und sich dabei verpflichten, alle Gebote des von Mose vermittelten Gesetzes nach der Auslegung und Einsicht der zadokidischen Priester zu befolgen (1QS V.7-9); vgl. S. 26-27.

Eine derartige Bundesverpflichtung hat das Urchristentum nicht übernommen, denn die Aufnahme in den Neuen Bund erfolgte nun mittels der Taufe (Mt 28,18-20). Daher können wir die Hinweise auf den Neuen Bund in den Abendmahlsworten als jüngere Zutaten betrachten.

Das Brotwort lautet
bei Markus (14,22):
Nehmet, esset:
Das ist mein Leib.

bei Paulus (11,24):
Das ist mein Leib für euch. Das tut zu meinem Gedächtnis.

Das Kelchwort lautet
bei Markus (14,24):
Das ist mein Blut des Bundes, das für viele vergossen ist.

bei Paulus (11,25):
Dieser der Kelch ist der neue Bund in meinem Blut. Das tut, so oft ihr [aus ihm] trinkt, zu meinem Gedächtnis.

Das Brotwort lautet
bei Lukas (22,19):
Das ist mein Leib, der für euch gegeben ist. Das tut zu meinem Gedächtnis.

Das Kelchwort lautet
bei Lukas (22,20):
Dieser Kelch ist der neue Bund in meinem Blut, das für euch vergossen ist.

Die markinische Fassung stellt die objektive Heilsbedeutung des Todes Jesu heraus: Er ist der für die Sünde der Vielen gestorbene leidende Gottesknecht von Jes 53,14-15. Die Jünger erhielten allein durch den Akt der ihnen von Jesus überreichten Brotstücke und des ihnen gereichten

Kelchs Teilhabe an der durch seinen Tod bewirkten Vergebung und wurden dadurch zu einer Bruderschaft zusammengeschlossen, die Jesu Tod überdauern sollte und sich in der Mahlgemeinschaft je und je erneuert.

Die beiden anderen Fassungen sind für die gottesdienstliche Wiederholung bestimmt, daher enthält die paulinische eine Zuwendungsformel am Ende des Brotwortes, während Lukas sie beiden Deuteworten hinzufügt. Die verständlichste Fassung des Brotwortes bietet Lukas, weil sie den knappen, von Paulus gebotenen Zusatz um die Zuwendungsformel in V.20b erweitert. Sein Kelchwort entspricht dem von Paulus gebotenen, wobei beide die Zielgruppe des Selbstopfers Jesu der Situation gemäß benennen. Wenn das Abendmahl nicht überhaupt erst eine nachträgliche Ausdeutung von Jesu letztem Mahl in der hellenistischen Gemeinde ist, so entsprechen die von dem Bundesgedanken gereinigten Hingabeformeln in der lukanischen Fassung am besten der ursprünglichen Situation, wenn man die Verben aus dem Perfekt in das Futur übersetzt. Dann erklärt Jesus in den Deuteworten, daß er sein Leben für seine Jünger und alle, die ihm nachfolgen, hingeben werde. Indem sie das Brot essen und aus dem Kelch trinken, haben seine Jünger an der durch seinen Tod bewirkten Erlösung teil und werden sie gleichzeitig über Jesu Tod hinaus zu einer durch seinen Namen geheiligten Gemeinschaft. Durch die jedenfalls nachösterliche Anfügung des Wiederholungsbefehls wird das Abendmahl der nachösterlichen Gemeinden bis zum heutigen Tage legitimiert. Die markinische Fassung des Kelchwortes unterstreicht dagegen die universale Bedeutung des Todes Jesu für das Heil aller Völker und gibt ihn selbst als den leidenden Gottesknecht zu erkennen. Daß auch sie in einer Kurzfassung die ursprüngliche sein kann, bleibt festzuhalten. Mithin lassen wir es bei der Feststellung bewenden, daß in der urchristlichen Tradition zwei verschiedene Berichte überliefert worden sind, die einander nicht widersprechen sondern ergänzen.

Bei Markus steht statt des zur liturgischen Praxis gehörenden Wiederholungsbefehls ein Wort, in dem Jesus erklärt, keinen Wein mehr vor dem Anbruch des Reiches Gottes zu trinken (Mk 14,25 par Mt 26,29; in Lk 22,18 steht vor den Einsetzungsworten): »*Wahrlich, ich sage euch: Ich werde von diesem Gewächs des Weinstocks nicht mehr trinken bis zu dem Tage, an dem ich es neu trinken werde in Gottes Reich.*« Damit hat Jesus jedenfalls seiner Gewißheit Ausdruck gegeben, daß er trotz seines bevorstehenden Todes an dem großen Freudenmahl als dem Inbegriff der seligen Gemeinschaft des Gottesreiches teilnehmen werde (vgl. Jes 25,6-8). Wann es stattfinden wird, läßt er offen; denn, wie es gegen Ende der Weissagung vom Kommen des Menschensohns am Ende der Tage in einem nachösterlichen Wort heißt (Mk 13,32): »*Über jenen Tag aber oder jene Stunde weiß niemand etwas, weder die Engel im Himmel noch der Sohn, außer dem Vater.*« Daß es bald hereinbrechen werde, war ihm in der Konsequenz seiner ganzen, dem baldigen Kommen der Gottesherrschaft gewidmeten Verkündigung bis zu seinem Ende gewiß.

Das Matthäusevangelium legt in 26,26-28 die Fassung des Markusevangeliums zugrunde, erweitert aber das Brotwort durch ein »*nehmet, esset*« und das Kelchwort durch ein »*zur Vergebung der Sünden*« und paßt sie damit den Anforderungen des liturgischen Gebrauchs an. Daher lautet der Bericht bei Matthäus so:

26 Als sie aber aßen, nahm Jesus das Brot, dankte, brach es und gab es den Jüngern und sagte: »Nehmt, eßt! Dies ist mein Leib.« 27 Und er nahm den Kelch, sagte Dank, und gab ihnen den und sagte: 28 »Trinket alle daraus; denn dies ist mein Blut des Bundes, das für viele vergossen ist, zur Vergebung der Sünden.«

In der kirchlichen Praxis hat sich zumal diese um den Wiederholungsbefehl erweiterte Fassung durchgesetzt. Der dem Brot- und dem Kelchwort bei Paulus und nur dem Brotwort bei Lukas angefügte Befehl, das Mahl zu seinem Gedenken zu wiederholen, fordert nicht dazu auf, sich an seinen Tod zu erinnern; denn das wäre angesichts der Deutungen von Brot und Wein als Leib und Blut Jesu überflüssig. Er fordert die Mahlgemeinde vielmehr dazu auf, seiner vor Gott zu gedenken und ihn daran zu erinnern, das mit seinem Tod begonnene Werk zu Ende zu führen. Mit anderen Worten: Die Mahlgemeinde soll um das Kommen Jesu Christi als des Menschensohnes zum Weltgericht und damit um den Anbruch des Gottesreiches in einer verwandelten Welt bitten. Diesem Auftrag entspricht die Erläuterung, die Paulus an die Einsetzungsworte angefügt hat. Sie lautet (1 Kor 11,26): *Denn sooft ihr dieses Brot eßt und diesen Kelch trinkt, verkündigt ihr den Tod des Herrn, bis daß er kommt.*

Dem entspricht das der Mahlfeier vorausgehende Dankgebet in der Didache, der Lehre der Apostel, die vermutlich im ersten Drittel des 2. Jahrhunderts n. Chr. entstanden ist. Es schließt mit den folgenden Worten (Did. 10,5-6; vgl. 1 Kor 16,22; Offbg 22,20):

5 Gedenke, Herr, deiner Kirche,
sie zu erretten von allem Bösen
und sie zu vollenden in deiner Liebe,
und führe sie zusammen von den vier Winden
in dein Reich, das du ihr bereitet hast.
Denn dein ist die Kraft und die Ehre in Ewigkeit!
6 Es komme die Gnade und es vergehe diese Welt!
Hosanna dem Gotte Davids!
Wenn einer heilig ist, komme er.
Wenn er (es) nicht ist, tue er Buße.
Maranatha [Unser Herr, komm!] *Amen.*

4. DIE VERSUCHUNG JESU IN GETHSEMANE

Die Erzählung, die von der Versuchung Jesu vor seinem Ende handelt, bildet in den drei ersten Evangelien (Mk 14,32-42; Lk 22,40-46; Mt 26,36-46) das Gegenstück zu der von der Versuchung am Anfang. Beides sind Sinngeschichten, welche die Eigenart der göttlichen Sendung Jesu und seinen treuen Gehorsam bis an sein Ende einprägen. Denn wenn Jesus jetzt schwach geworden und geflohen wäre, um sein Leben zu retten, so hätte er damit seine Sendung verleugnet. Er wäre als einer der Wundertäter und dank seiner Reden und Ausstrahlung mitreißenden jungen Männer in die Geschichte eingegangen, die vielversprechend anfangen, Großes erhoffen lassen und dann plötzlich scheitern. Die Evangelisten skizzieren die Situation knapp: Jesus trennt sich von seinen Jüngern, um nur mit den dreien, die ihm am nächsten stehen, Petrus und den beiden Söhnen des Zebedäus, ein Stück abseits zu gehen und zu beten. Dort sollen sie wachen, während er nochmals ein Stück abseits geht, um vor Gott mit seinem Schicksal zu ringen. Das überlieferte Wort (Mk 14,32): *»Meine Seele ist betrübt bis in den Tod.«* gibt der Todesangst Ausdruck, die ihn, wie der vorausgehende Vers andeutet, befallen hatte, weil er wußte, welch schrecklicher Tod ihm bevorsteht: *»...und er begann sich zu entsetzen und zu ängstigen.«* Doch statt dem nachzugeben, ergibt er sich nach den Evangelisten betend in Gottes Willen (Mk 14,36; vgl. Mt 26.29; Lk 22,42): *»Abba, Vater, alles ist dir möglich. Nimm diesen Becher von mir; aber nicht mein, sondern dein Wille geschehe.«* Dieses Stoßgebet ist zugleich eine Erläuterung der zweiten Bitte des Herrengebets und zeigt, unter welchem Vorbehalt Menschen etwas von Gott erbitten können: Alle konkreten Bitten stehen unter dem Vorzeichen, Gott möge sie nur dann erfüllen, wenn sie seinem Willen entsprechen. Die Verlassenheit Jesu in dieser Nacht wird durch den Erzähler dadurch unterstrichen, daß er dreimal zu den dreien zurückkehrt und sie dreimal schlafend findet. Beim ersten Mal deutet er an, daß er von Petrus mehr erwartet hätte: *»Simon schläfst du? Bist du zu schwach, um eine Stunde zu wachen?«* Und dann folgt ein Wort, das nicht nur seinen Jüngern in dieser einen Stunde, sondern allen gilt, die ihm nachfolgen wollen (Mk 14,38; Mt 26,41; vgl. Lk 22,45): *»Wachet und betet, damit ihr nicht in Versuchung geratet. Der Geist ist zwar willig, aber das Fleisch ist schwach.«* Erneut geht er abseits und wiederholt seine Bitte, und erneut findet er die Jünger schlafend vor, ohne daß sie etwas zu ihrer Entschuldigung zu sagen wissen. Und noch einmal zieht er sich zurück, um zu beten. Als er aber zum dritten Mal zu ihnen kommt, hat er die Anfechtung überwunden, so daß er den ihm bestimmten Weg zu gehen entschlossen ist. Seine Jünger wollen schlafen und ruhen. Aber dafür ist keine Zeit mehr, denn (Mk 14,41-42; Mt 26,45): *»Die Stunde ist gekommen; siehe, der Menschensohn wird in die Hände der Sünder übergeben. Steht auf, wir müssen gehen. Siehe, der mich verrät, ist gekommen!«*

5. DER VERRAT DES JUDAS UND DIE VERHAFTUNG JESU

Die nächste Episode handelt von der Verhaftung Jesu und war so unentbehrlich, daß sie auch Johannes aufgenommen hat (Mk 14,43-50; Lk 22,47-53; Mt 26,47-56; Joh 18,1-11). Judas kennzeichnet Jesus als den Gesuchten mit einem Kuß, dem sprichwörtlich gewordenen »Judaskuß«. Die Häscher greifen ihn, der Versuch eines Ungenannten aus dem Gefolge Jesu, ihn mit dem Schwert freizukämpfen, hat nur das Ergebnis, daß einem der Knechte des Hohenpriesters ein Ohr abgeschlagen wird. Damit ist aller Widerstand erloschen; denn *»da verließen ihn alle und flohen.«* Lukas und Johannes lassen diesen Satz aus. Nur in Mk 14,51-52 wird weiterhin davon berichtet, daß ein Jüngling dem Verhafteten folgte, der nichts als sein Untergewand anhatte, das er fahren ließ, als ihn die Häscher daran gepackt hatten, so daß er nackend entkam. Offenbar galt der Namenlose als ein so wichtiger Augenzeuge, daß Markus den Vorfall nicht übergehen wollte oder konnte.

Besondere Beachtung verdient der knappe Dialog zwischen Jesus und seinen Häschern in Joh 18,4-8: Als die Streifschar in den Garten eingedrungen war, soll Jesus sie gefragt haben, wen sie suchten. Als sie sagten: *»Jesus von Nazareth!«,* soll er ihnen geantwortet haben: *»Ich bin's!«* Daraufhin, heißt es, fielen die Häscher erschrocken zu Boden. Jesus fragte sie abermals, wen sie suchten, und sie antworteten ihm wiederum: *»Jesus von Nazareth!«* Dem neuerlichen *»Ich bin's!«* aber fügte er nach dem johanneischen Bericht ein *»Suchet ihr mich, so laßt diese gehen!«* hinzu. Der gute Hirte, der sein Leben für seine Schafe läßt (Joh 10,12), tritt auch jetzt für die ein, die ihm sein Vater gegeben hat (Joh 17,6). Stellt man das Verhalten der sagenhaften Ureltern durch Gott in der Sündenfallgeschichte in Gen 3,9-13 daneben, wird der Unterschied zwischen dem souveränen Verhalten Jesu und dem unfreien derer deutlich, die, statt sich zu ihrer Schuld zu bekennen, sie auf andere abwälzen und, wenn das nicht mehr geht, Gott selbst oder eben »die Umstände« dafür verantwortlich machen und lieber ihre Freiheit verleugnen, als für die Folgen ihres Handelns einzustehen.

6. DIE ROLLE DES PETRUS IN DER LEIDENSGESCHICHTE

Petrus wird in der ganzen Leidensgeschichte auffällig in den Vordergrund gerückt. Das geschieht nicht nur in den beiden aufeinander bezogenen Berichten von der Ankündigung Jesu, daß er ihn verleugnen werde, und dem von ihrer Erfüllung, sondern auch noch darin, daß er zu den drei Jüngern gehörte, die Jesus zu seiner Begleitung erwählt hat, als er mit seinen Todesängsten kämpfte und sie besiegte. Johannes bietet in 18,10-11 und 15 eine Sondertradition. Einerseits identifiziert er Petrus mit dem Ungenannten der anderen Evangelien, der bei der Verhaftung Jesu nach dem Schwert griff und einem Knecht des Hohenpriesters das Ohr abschlug. Daraufhin wurde er von Jesus in V.11 mit den Worten zurückgewiesen: *»Stecke dein Schwert in die Scheide. Sollte ich den Kelch nicht trinken, den mir mein Vater gegeben hat?«* Andererseits läßt Johannes Petrus nicht nur seinem verhafteten Meister bis zum Palast des Hohenpriesters folgen, sondern auch noch *»einen anderen Jünger, der dem Hohenpriester bekannt war«* und Petrus Zugang in den Palasthof verschaffte (Joh 18,15-16). Auch in diesem Fall dürfte es sich um keine erfundene Gestalt handeln, die erklären sollte, wie es möglich war, daß Petrus in den Palasthof gelangte, sondern um einen Jünger und Gewährsmann, der nicht zum Zwölferkreis gehörte und den mit dem Verfasser des Evangeliums zu identifizieren zumindest eine Möglichkeit darstellt.

Nach Mk 14,29-30 versicherte Petrus Jesus unaufgefordert, daß er ihn auch dann nicht verließe, wenn ihn alle verrieten. Jesus aber sagte ihm voraus, daß er ihn, ehe der Hahn zweimal krähe, dreimal verleugnen werde (Mk 14,29-30). Lukas hat der Szene eine über den Augenblick hinausreichende Bedeutung gegeben, indem er Jesus einleitend zu Petrus sagen läßt, daß der Satan die Jünger zu sichten suche, er aber für ihn gebetet habe, daß sein Glaube nicht aufhöre. Wenn er sich aber dereinst bekehrte, solle er seine Brüder stärken (Lk 22,31-32). Die Fürbitte Jesu, so erklärt Lukas, hat den Glauben des Petrus über seine einem Verrat gleichkommende Verleugnung hinweggetragen. Mit dem Hinweis auf seine künftige Bekehrung spielt Lukas wohl darauf an, daß Petrus die ihm zuteilgewordene Erscheinung des Auferstandenen als Zeichen der Vergebung verstanden hat (1 Kor 15,5; Lk 24,34). So ist er neben Paulus als Apostel der Heiden zur zentralen Gestalt der jungen Kirche oder zu dem Fels geworden, auf dem Christus seine Kirche gründen wollte (Mt 16,18-19; vgl. Joh 20,22-23). Obwohl die Jerusalemer auf den Herrenbruder Jakobus konzentrierte Tradition die besondere Rolle des Petrus als des Jüngers, dem der Auferstandene als erstem erschienen ist, verdeckt hat, ist die Nachricht darüber in Lk 24,33-34; Joh 20,2-6 (vgl. 20,1-24) und Mk 16,7 (vgl. 14,28) erhalten.

Vorerst aber wird die Treue zu seinem Herrn, die ihn bis in den Hof des Palastes des Hohenpriesters vordringen ließ, durch eine Magd zu Fall gebracht (Mk 14,66-72). Wer sich eine große Szene ausmalt, in der er sich selbst seine Treue beweisen und sie vor anderen demonstrieren will, muß aufpassen, daß er nicht an einer so unscheinbaren, aber zielstrebigen Gestalt wie einer Magd scheitert. Als sich Petrus am Feuer im Innenhof wärmte, kam eine der Mägde des Hohenpriesters und sagte es ihm auf den Kopf zu, daß er zu den Jüngern Jesu gehöre: »*Auch du warst mit dem Nazarener Jesus!*« Petrus aber erklärte, er wisse nicht, was sie von ihm wolle, und ging in den Vorhof. Da krähte der Hahn, ein Zeichen daß die Morgendämmerung nahte. Die Magd aber ließ nicht von ihm ab, sondern sagte zu den Umstehenden »*Der gehört zu ihnen* (den Jüngern Jesu)!*« Petrus leugnete erneut, ohne jene damit zu beeindrucken, die ihn an seiner Sprache als Galiläer erkannt hatten: »*Wahrhaftig, du bist einer von ihnen; denn du bist ein Galiläer!*« Da bekam es Petrus mit solcher Angst zu tun, daß er fluchend und schwörend versicherte: »*Ich kenne diesen Menschen nicht!*« *Und sogleich krähte der Hahn zum zweiten Mal. Da erinnerte sich Perus an das Wort, das*

Jesus zu ihm gesagt hatte: »Ehe der Hahn zweimal kräht, wirst du mich dreimal verleugnen.« Da begann er zu weinen. Oder wie es eindrücklicher Mt 26,75b heißt: *»da ging er hinaus und weinte bitterlich.«*

Die Kirche ist nicht die Gemeinschaft der Heiligen, die sündlos wie die Engel leben, sondern der durch den Zuspruch der Vergebung im Namen Jesu Geheiligten, die trotzdem ein ganzes Leben angefochten bleiben. Moralisten können anderen nicht vergeben, sondern rechnen ihnen ihre Schuld über das Grab hinaus zu. Christen können vergeben, weil sie sich nichts über sich selbst vormachen und von Gottes Vergebung leben.

7. DAS VERHÖR UND DIE VERURTEILUNG JESU DURCH DEN HOHEN RAT

In den drei ersten Evangelien wird das Verhör durch den Hohenpriester und die anderen Mitglieder des Hohen Rats unmittelbar nach der Verhaftung eingeleitet, um im Morgengrauen zu enden. Da es eine gewisse Zeit gebraucht haben muß, alle Mitglieder des Hohen Rates einzuberufen, erscheint die Auskunft in Joh 18,13-24 einleuchtend, daß die Vernehmung zunächst durch Hannas I., den ehemaligen Hohenpriester und Schwiegervater des amtierenden Hohenpriesters Kaiphas, vorgenommen worden sei, der ihn dann gebunden (und d.h. als schuldig befunden) an diesen als den zur Verhandlung mit den Römern Bevollmächtigten überstellt habe. Aber da Hannas Jesus lediglich über seine Lehre und seine Jünger befragt und Jesus darauf nur mit dem Hinweis auf sein öffentliches Wirken geantwortet habe (vgl. auch Mk 14,60-61a), läßt sich die von dem Hohenpriester erhobene Anklage im Johannesevangelium nur aus der von Pilatus an Jesus gerichteten Frage, ob er der Juden König sei, bzw., wenn man ganz sicher gegen will, aus der Inschrift am Kreuz entnehmen, die Auskunft über den Grund seiner Verurteilung erteilt.

Wie bei den Abendsmahlsberichten werden wir es auch in diesem Fall dabei belassen, die Berichte der Synoptiker über die zentrale Szene des Verhörs durch den Hohenpriester und den römischen Statthalters miteinander zu vergleichen. Wir übergehen die Einleitung des Verfahrens durch ein Zeugenverhör, in dem man ihn durch falsche Aussagen wie die, daß er gesagt habe, er wolle den mit Händen gebauten Tempel binnen drei Tagen abreißen und durch einen nicht mit Händen gebauten ersetzen (vgl. Mk 15,29; Mt 27,40 mit Mk 14,58; Mt 26,61). Ein entsprechendes Wort ist in den drei ersten Evangelien nicht belegt; denn nach ihnen soll er lediglich angekündigt haben, daß der Jerusalemer Tempel so zerstört werde, daß kein Stein auf dem anderen stehen bleibe (Mk 13,2; Lk 21,6; Mt 24,2). Dagegen wird ein solches Wort Jesus in Joh 2,19 als Antwort auf die Forderung der Juden in den Mund gelegt, die nach seiner Tempelreinigung ein Legitimationswunder zur Rechtfertigung seines Handelns verlangten. Ihnen soll er geantwortet haben: *»Brecht diesen Tempel ab, dann werde ich ihn in drei Tagen aufrichten!«* Daß Jesus damit von seinem Leib und seiner Auferstehung geredet hat, sollen die Jünger aber erst nach seiner Auferstehung erkannt haben (Joh 2,18-22).

Festzuhalten bleibt, daß Jesus nach dem Bericht in Mk 14,60-61a (vgl. Mt 26,62-63) auf die Frage des Hohenpriesters, warum er auf die konkreten Anklagen nicht antworte, geschwiegen hat. Nach Joh 18,19-24 hat ihn Hannas nach seiner Lehre und seinen Jüngern gefragt, er aber darauf hingewiesen, daß er allezeit in der Öffentlichkeit gewirkt habe. Der von den Synoptikern in den Mittelpunkt gerückte Dialog zwischen dem Hohenpriester bzw. dem Hohen Rat lautet

nach Mk 14,61:
Bist du der Gesalbte,
der Sohn des Hochgelobten?

nach Mt 26,63:
Ich beschwöre dich bei
dem lebendigen Gott,
daß du uns sagst,
ob du der Gesalbte,
der Sohn Gottes bist.

Die Antwort Jesu lautet
nach Mk 14,62:
Ich bin es, und ihr werdet
sehen den Menschensohn
zur Rechten der Kraft
und kommen auf den Wolken
des Himmels.

nach Mt 26,64:
Du sagst es. Ferner
aber sage ich euch:
Von jetzt an werdet
ihr den Menschensohn
zur Rechten der Kraft
sitzen sehen und mit
Wolken des Himmels
kommen.

Die erste Frage
des Hohen Rates an Jesus
lautet nach Lk 22,67:
Wenn du der Gesalbte bist,
sage es uns!

Die erste Antwort
Jesu lautet
nach Lk 22,68-69:
Wenn ich es euch
sage, so glaubt ihr
nicht! Wenn ich euch
frage, so antwortet ihr
nicht! Von jetzt an wird
der Menschensohn zur
Rechten der Macht
Gottes sitzen.

Die zweite Frage
des Hohen Rates an Jesus
lautet nach Lk 22,70:
Bist du also der Sohn Gottes?

Zweite Antwort
Jesu lautet nach
Lk 22,71:
Ihr sagt es,
daß ich es bin!

Vergleicht man die drei Berichte so, so besteht ein gewichtiger Unterschied zwischen dem Zeugnis des Markus und denen des Lukas und des Matthäus: Denn nur nach dem ersten hätte sich Jesus eindeutig mit einem *»Ich bin es!«* zu seiner Messianität bekannt. Nach den beiden Nebenzeugen hätte er dagegen die Verantwortung für seine Identifizierung dem bzw. den Fragenden zugewiesen. Bei Lukas, der den Dialog in zwei Fragen und Antworten zwischen dem Hohen Rat und Jesus zerlegt, erklärt Jesus zunächst seine direkte Antwort für zwecklos, da sie ihm in keinem Fall glauben und keine seiner eigenen Fragen beantworten würden (Lk 22,68-69), um dann die erneute Rückfrage in 22,71 mit einem *»Ihr sagt es, daß ich es bin!«* zu erwidern. Bei Matthäus, der es im Anschluß an Markus bei dem einen Wortwechsel zwischen dem Hohenpriester und Jesus beläßt, antwortet er mit einem *»Du sagst es«*. Die Gleichsetzung mit dem richtenden Menschensohn lassen ihn alle drei nicht direkt vornehmen, sondern nur durch die Abfolge der beiden Antwortsätze nahelegen. Daß sich ein Mensch zu seinen Lebzeiten offen mit dem zur Rechten Gottes sitzenden Menschensohn als dem kommenden Richter identifizierte, erschien den Evangelisten so vermessen, daß sie es selbst Jesus nicht in den Mund legten.

Was nun die Gleichsetzung Jesu mit dem Menschensohn überhaupt betrifft, so hat der irdische Jesus nach einem in Lk 12,8-9 (vgl. Mt 10,32-33) bewahrten Wort das Verhalten ihm gegenüber als entscheidend für das des Menschensohns gegen den Betreffenden im himmlischen Gericht erklärt (Lk 12,8-9):

32 »Ich sage euch, jeder der sich vor den Menschen zu mir bekennt, zu dem wird sich der Menschensohn vor den Engeln des Himmels bekennen. 32 Wer aber mich vor den Menschen verleugnet, den wird er vor den Engeln Gottes verleugnen.«

Ähnlich soll er nach Lk 17,26-37 vgl. Mt 24,37-40 auch das selbstsichere Verhalten der Menschen in den Tagen Noahs (vor der Sintflut) und in den Tagen Lots (vor dem Untergang von Sodom und Gomorra) mit ihrem Verhalten in den Tagen des Menschensohns verglichen haben: So wie sie damals nicht mit dem Kommen des göttlichen Gerichts gerechnet haben, werden sie auch jetzt nicht mit seinem Kommen rechnen und, sofern sie Jesu Ruf zur Buße nicht befolgen, das bevorstehende Gericht durch den Menschensohn nicht bestehen. Dagegen sind die Worte, in denen sich Jesus als gegenwärtigen (Mk 2,10.28; Lk 9,58 par Mt 8,20) oder leidenden Menschensohn bezeichnet hat (Mk 8,31; 9,31; 10,33; 9,9; 10,45 und 14,31), eine Folge der nachösterlichen Identifikation Jesu mit dem himmlischen Menschensohn. So wird an diesem Beispiel deutlich, daß die nachösterliche Tradition ihre Bekenntnisse nicht frei schwebend gebildet hat. Sie hat Jesus keine Hoheitsprädikate zugelegt, für die es keine Anhaltspunkte in seinem irdischen Wirken gegeben hat.

Kehren wir zum Verhör Jesu zurück, so kommen die beiden jüngsten Referenten Lukas und Matthäus der historischen Wahrheit vermutlich am nächsten: Jesus hat zu keiner Zeit erklärt, daß er der Messias sei, sondern es den Menschen überlassen, ihn als solchen zu erkennen. In dem theologischen Konzept des Markus stand Jesus als der Sohn Gottes und damit als der Messias im Mittelpunkt. Der entsprechenden Präsentation und Proklamation ließ er daher das entsprechende Bekenntnis Jesu folgen, so daß die Akklamation durch den Centurio dreifach vorbereitet war.

Nach diesem Bekenntnis hätte der Hohepriester wie nach einer Gotteslästerung den vorgeschriebenen Riß in seinen Mantel gemacht und erklärt: (Mk 14,63; Mt 26,65): *»Was bedürfen wir weiterer Zeugen?«* Daraufhin hätte ihn die Versammlung einstimmig des Todes schuldig befunden (Mk 14,63-64; knapper Lk 22,71, mit erläuternden Zusätzen

Mt 26,65-66). Dann hätten sie ihn in der Morgenfrühe abgeführt und Pilatus übergeben (Mk 15,1-2; Mt 27,1-2; Lk 23,1). Weil ihn Pilatus als (angemaßten) »König der Juden« zur Kreuzigung freigab, muß man annehmen, daß ihn der Hohe Rat wegen der Anstiftung messianischer Unruhen auslieferte und Pilatus ihn deshalb zur Hinrichtung freigab. Denn als Römer hätte er sich nicht um innerjüdische Religionskonflikte gekümmert, solange von ihnen keine Auswirkungen auf die Ruhe und Ordnung im Lande zu erwarten waren (vgl. Joh 18,33-35).

Jesu triumphaler Einzug in Jerusalem scheint bei der Anklage durch den Hohen Rat keine Rolle gespielt zu haben. Der eigentlich den nach Jerusalem einziehenden Pilgern geltende und auf das kommende Reich Davids abgewandelte Jubelruf (vgl. Ps 118,25-26 mit Mk 11,9-10) huldigt nun Jesus als dem verheißenen König. Nach Joh 12,19 bestärkte die Szene die Pharisäer in ihrer Meinung, daß man gegen ihn nichts mehr ausrichten könne. Lukas läßt den Jubelruf in 19,38 auf den himmlischen Lobgesang in Lk 2,14 anklingen:

Gelobt sei, der da kommt,
der König im Namen des Herrn.
Im Himmel Heil
und Herrlichkeit in der Höhe!

Noch ist der, der hier in die Heilige Stadt einzieht, allein König im Himmel; aber wer dort der Herrliche ist, wird es eines Tages auch auf Erden sein.

Von Jesu Tempelreinigung ist in der Vernehmung überhaupt nicht die Rede. Wenn sie Jesus überhaupt vollzogen hat, dann nur in symbolischer Form, um den Charakter des Tempels als einer Gebetsstätte statt einer Opferstätte zu unterstreichen. Denn bei der großen Zahl der Wechsler und Händler, die das Wechselgeld und den Opferbedarf für die gewaltige Pilgerzahl bereithalten mußte, hätte ein Umstürzen aller Tische und Tierkäfige einen solchen Tumult ausgelöst, daß zumindest die jüdische Tempelwache, wenn nicht gar die römische Sicherheitsabteilung eingegriffen und Jesus verhaftet hätte (vgl. Mk 11,15-19 mit Joh 2,13-16).

8. DIE VERHANDLUNG VOR PILATUS

Weder Markus noch der Verfasser des Matthäusevangeliums hielten es für nötig, die Gründe für die Übergabe an Pilatus zu benennen. Nach ihrer Ansicht war die Sache nach dem Verhör klar genug, so daß sich eine zusätzliche Auskunft über die Anklagepunkte erübrigte. So beließen sie es bei der Mitteilung, daß die Mitglieder des Hohen Rates Jesus in der Morgenfrühe gebunden Pilatus vorgeführt haben (Mk 15,1; Mt 27,1-2).

Lukas hielt es dagegen für angemessener, die Lücke zu schließen und den Inhalt der Anklage wiederzugeben: Der »ganze« aus den Ältesten, Hohenpriestern und Schriftgelehrten bestehende »Haufe« (Lk 22,66) habe ihn vor Pilatus angeklagt, daß er das Volk verführe und es auffordere, die Steuerzahlungen an den Kaiser einzustellen; außerdem habe er sich als der Gesalbte, der König ausgegeben (Lk 23,2). An diese Vorwürfe schließt sich die in den drei ersten Evangelien von Pilatus an Jesus gestellte Frage lückenlos an, ob er der König der Juden sei, und seine Antwort *»Du sagst es!«* (Mk 15,2; Mt 27,11; Lk 23,3). Daraufhin hätten die Hohenpriester weitere Bezichtigungen vorgebracht und Pilatus Jesus erneut befragt, er aber habe nicht geantwortet, so daß sich Pilatus verwunderte. Da es aber seine Gewohnheit gewesen sei, den Juden an jedem Fest einen von ihnen erbetenen Gefangenen freizugeben, sei eine Menge in der Erwartung aufgezogen, auch in diesem Jahr darum zu bitten. Da habe ihnen Pilatus die Freigabe des Königs der

Juden vorgeschlagen, weil er gewußt habe, daß die Hohenpriester ihn aus Neid ausgeliefert hätten. Aber es sei diesen gelungen die Menge zu überreden, die Freigabe eines Gefangenen namens Barabbas zu verlangen, der sich zusammen mit einigen Kumpanen an einem blutigen Aufruhr beteiligt habe. Daraufhin habe es Pilatus vorgezogen, Jesus zu geißeln und zur Kreuzigung abführen zu lassen, weil er dem Volk habe entgegenkommen wollen (Mk 15,3-15).

Im Matthäusevangelium wird die Szene dramatisiert und legendär ausgestaltet. So wird der Versuch des Statthalters, die Freilassung Jesu zu erwirken, mit einer ihm von seiner Frau gesandten Nachricht begründet, er möge sich nicht an diesem Gerechten vergreifen, denn sie habe um seinetwillen im Traume leiden müssen (Mt 27,19). Als das Volk trotzdem auf der Kreuzigung Jesu und der Freigabe des Barabbas bestanden habe, habe Pilatus vor allem Volk seine Hände mit Wasser gewaschen, um so deutlich zu machen, daß er keine Verantwortung für Jesu Verurteilung zu übernehmen gedenke, und erklärt (Mt 27,24): »*Ich bin unschuldig am Blut dieses Gerechten! Seht selber zu* [Das ist eure Sache]*!*« Das aber hätten sie mit einem »*Sein Blut komme über uns und unsere Kinder!*« quittiert, worauf der Evangelist, so sehr er es darauf angelegt hatte, die Verantwortung für die Hinrichtung Jesu ganz auf die Juden abzuwälzen, sich doch der Tradition beugen mußte, nach der Pilatus Jesus nach der Freigabe des Barabbas geißelte und zur Kreuzigung abführen ließ (Mt 27,26-27).

Die anschließende Szene von der Verspottung Jesu findet sich ebenso in Mk 15,16-20 wie in Mt 27,27-31, wo sie wiederum um einige Einzelzüge erweitert ist, die wir hier übergehen können. Erst sollen die Soldaten Jesus als König mit einem Purpurmantel und einer Dornenkrone eingekleidet, dann spöttisch vor ihm das Knie gebeugt und ihm als dem König der Juden gehuldigt haben. Anschließend aber sollen sie ihn geschlagen, ihm ins Gesicht gespuckt und ihm wieder seinen eigenen Mantel angezogen haben, um ihn dann zur Kreuzigung abzuführen.

Lukas hat die Vernehmung Jesu durch Pilatus in zwei Szenen zerlegt (Lk 23,1-5 und 23,12-25) und dazwischen die mit seinem Landesherrn Herodes Antipas eingeschaltet (Lk 23,6-12). Der Tetrarch habe nichts wie Hohn und Spott mit ihm getrieben, ihm einen Prunkmantel umwerfen lassen und ihn dann zu Pilatus zurückgeschickt. Auf diese Weise will Lukas nachweisen, daß der fremde Statthalter und der eigene Landesherr Jesus für eine politisch harmlose Größe gehalten hätten und er allein dem Fanatismus der Juden zum Opfer gefallen sei.

Das Johannesevangelium zeigt in seinem Bericht von der Vernehmung Jesu durch Pilatus eine eigenartige Strukturverwandtschaft mit der lukanischen Schilderung: Auch es zerlegt die Szene in zwei Teile (Joh 18,29-40 und 19,4-16) durch ein kurzes Zwischenspiel mit der Verhöhnung und Mißhandlung Jesu durch die Söldner (Joh 19,1-3). Der Bericht wird überdies durch einen fortlaufenden dramatischen Wechsel von solchen Episoden beherrscht, in denen sich Pilatus und Jesus gegenüberstehen, mit solchen, in denen Pilatus allein oder zusammen mit Jesus vor dem Volk steht. Die strukturellen Gemeinsamkeiten gehen bis in die Einzelheiten hinein, doch würde es zu weit führen, sie im vorliegenden Zusammenhang vorzustellen, in dem es um die Beantwortung der entscheidenden Frage geht, weshalb Jesus zum Tode verurteilt worden und wer er eigentlich gewesen ist.

Dagegen dürfen wir das theologisch gewichtige Frage- und Antwortspiel zwischen dem Römer und Jesus nicht übergehen, das eine Tiefe besitzt, an die keines der anderen Evangelien herankommt. Nachdem sich Jesus auf die Frage, ob er der König der Juden sei, dazu bekannt und erklärt hat, daß sein Reich nicht von dieser Welt sei (Joh 18,36; vgl. oben, S. 45), läßt der Evangelist Jesus erklären, daß er in diese Welt gekommen sei, um für die Wahrheit zu zeugen, daß aber, wer selbst aus der Wahrheit sei, seine Stimme höre (18,37). Das Tribunal kehrt sich um: der Verhörte wird zum Richter, der Richter zum Befragten, aber der entzieht sich dem Ruf Jesu mit der skeptisch-rhetorischen Frage: »*Was ist Wahrheit?*« (18,38), die keine Antwort verlangt und also auch keine erhält. Wer nicht »aus der (ewigen) Wahrheit ist«, der kann den Ruf dessen, der aus ihr gekommen ist und in sie zurückkehrt, nicht verstehen. Der Leser bzw. Hörer wird in diese Entscheidung mit hineingezogen. Er soll, ja er muß sich fragen, auf welcher Seite er steht und auf welche er gehört. Als Jesus in der auf die Verspottung und Vorführung vor das Volk folgenden Szene die erneute Frage des beunruhigten Statthalters, woher er komme, nicht beantwortet und dieser ihn daran erinnert, daß er die Macht habe, ihn kreuzigen zu lassen, entgegnet Jesus, daß der Statthalter keine Macht über ihn besäße, wenn sie ihm nicht von oben gegeben wäre (19,11). Sein Leiden ist von Gott gewollt und so leidet er um der Ehre Gottes bei den Menschen und doch zugleich und vor allem um der Menschen willen; denn er ist das »*Lamm, das der Welt Sünde trägt*« (Joh 1,29). So verweist Jesu letztes Wort an Pilatus darauf, daß sich seine Sendung nach Gottes Willen in seinem Tode vollendet.

Pilatus aber beugt sich dem Willen der Menge, die den Tod Jesu verlangt, und gibt ihn zur Kreuzigung frei (19,16); denn sie droht ihm unverhüllt mit dem Kaiser, indem sie ihm erklärt: »*Wenn du diesen freigibst, bist du kein Freund des Kaisers; jeder der sich selbst zum König macht, widersetzt sich dem Kaiser!*« (19,12). Sie läßt sich auch durch die Präsentation des Schmerzensmannes: »*Seht, euer König!*« (19,14) nicht beeindrucken, sondern quittiert diesen letzten Versuch, sie zur Freigabe Jesu zu bewegen, mit dem fanatischen Ruf: »*Weg, weg, kreuzige ihn! Wir haben keinen König außer dem Kaiser!*« (19,15)

Der Berichterstatter würde an dieser Stelle am liebsten seine Aufgabe, die Leidensgeschichte Jesu bis zu ihrem Ende zu erzählen, abbrechen und seine Leserinnen und Leser bitten, statt dessen eine der beiden Bachschen Passionen aufzulegen und aufmerksam anzuhören. Denn er weiß, daß er hinter dieser Auslegung, in der sich Wort und Ton ergänzen, notwendig zurückbleiben muß. Aber da es auch in diesem Fall Fragen zu beantworten gilt, welche die Texte dem Leser stellen, fährt er behutsam und hoffentlich angemessen fort, die Geschichte zu gliedern und zu erklären.

Aus Gründen der Verständlichkeit der Berichte empfiehlt es sich, einige Sätze über die Strafe der Kreuzigung voranzustellen: Sie diente bei den Römern in ihrer Hauptstadt und in Italien als Mittel der Hinrichtung von Sklaven und Freigelassenen und in Palästina zu der von Aufständischen. Technisch wurde sie so vollzogen, daß der Delinquent völlig ausgezogen und mit gespreizten Armen an einen Querbalken gebunden wurde. Wollte man ihn annageln, mußte der Nagel zwischen den Unterarmknochen der Speiche und der Elle eingetrieben werden, denn das Körpergewicht hätte anderenfalls den Handteller zerrissen. Die Nägel an den Füßen wurden entsprechend durch das Fersenbein getrieben. Um ein Abreißen des Delinquenten zu verhindern, konnte an dem Standbalken ein Sitzbrett befestigt werden. Der Tod erfolgte durch Ersticken als sekundärer Folge eines völligen Herz- und Kreislaufversagens und trat in der Regel erst nach vielen Stunden ein. Um ihn zu beschleunigen, konnte man die Unterbeinknochen mit einem Hammer zerschlagen. Es war und sollte ein qualvoller Tod sein, von dem man sich eine abschrekkende Wirkung auf potentielle Nachfolger des oder der Delinquenten versprach. Massenkreuzigungen waren nicht nur bei den Römern beliebt, sie wurden auch von dem jüdischen König Alexander Jannäus vorgenommen, der nach dem Zeugnis des jüdischen Historikers Flavius Josephus 800 Pharisäer auf einmal kreuzigen ließ (Jos. Bell.Jud. I.97). Daß die Römer den jüdischen König bei weitem übertroffen haben, geht wiederum aus dem Bericht des Josephus hervor, nach dem Titus bei der Belagerung Jerusalems im Jahre 70 n. Chr. alle aus der Stadt ausbrechenden Verteidiger in Handgemenge mit seinen Soldaten verwickeln und anschließend kreuzigen ließ. Da es sich dabei oft um mehr als 500 Männer handelte, sei die Zahl der Gekreuzigten so hoch gewesen, daß man weder für die Kreuze noch für die Leichen der Gekreuzigten den nötigen Platz gefunden habe (Jos.Bell.Jud. V. 449-452).

Um die erhoffte abschreckende Wirkung zu erreichen, mußte das Verfahren dramatisch und öffentlich inszeniert werden: Bei Einzelverfahren wurde der Delinquent vor Beginn seines letzten Weges vor aller Augen von dem Gerichtsherrn gegeißelt, dann mußte er den Querbalken durch die Stadt und hinaus bis zur Hinrichtungsstätte tragen. Um die vorliegende Bestrafung zu erklären und die abschreckende Wirkung zu unterstützen, wurde zumindest gelegentlich vor dem Delinquenten eine Tafel hergetragen, auf der die Urteilsbegründung stand. Sie wurde anschließend am Kreuz befestigt, so daß jeder Vorübergehende wußte, was der dort der Schmach und Schande Preisgegebene verbrochen hatte. Im Fall der unglücklichen Verteidiger Jerusalems sollte allein die Zahl der Gekreuzigten die in der Stadt Verbliebenen entmutigen (Jos.Bell.Jud. V. 451). Der Leichnam der Gekreuzigten wurde in der Regel verbrannt, doch wurde er im Laufe der Kaiserzeit immer öfter zur Beisetzung freigegeben.

Mit diesen Sätzen ist der Verlauf der Kreuzigung Jesu so vorgezeichnet, daß wir nur noch die individuellen Besonderheiten des Verfahrens hervorzuheben brauchen. Die erste, von der Markus und seine Nebenzeugen berichten, besteht darin, daß Jesus zu geschwächt war, um den Balken zur Richtstätte zu tragen (Mk 15,21; Lk 23,26; Mt 27,32). Daher griffen die römischen Soldaten im Zweifelsfall auf den Befehl ihres Centurio oder Hauptmanns (Mk 15,39) einen vom Felde in die Stadt zurückkehrenden Ackerbürger namens Simon auf und zwangen ihn, den Querbalken an Jesu Statt zu tragen. Simon stammte wie mancher seiner Jerusalemer Mitbürger (Apg 6,1) aus der jüdischen Diaspora in der Cyrenaica, einem Landstrich an der heutigen libyschen Küste. Da Markus die Namen seiner beiden Söhne Rufus und Alexander in 15,21 angibt, galten beide (nach dem Tod ihres Vaters?) als Gewährsmänner für die Richtigkeit der Mitteilung. Vermutlich hatten sich beide der Jerusalemer Urgemeinde angeschlossen. Lukas fügt hinzu, daß dem Zug eine große Volksmenge und darüber hinaus Frauen folgten, die sich an die Brust schlugen und ihn beweinten, worauf Jesu sie aufgefordert habe, besser ihr eigenes Los und das ihrer Kinder bei der kommenden Zerstörung Jerusalems als das seine zu beweinen (Lk 23,27-32).

Da Hinrichtungen (solange es kein Kino oder Fernsehen gab) einerseits als ein Schauspiel galten, bei dem man ungestraft einen anderen verspotten, sich an seinen Leiden weiden und zugleich über den Verurteilten erhaben dünken konnte, ist damit zu rechnen, daß auch in diesem Fall eine größere Zahl von Schaulustigen und unter Umständen auch einige Verwandte oder Freunde beiderlei Geschlechts der traurigen Prozession folgten und der grausamen Exekution beiwohnten (vgl. Lk 23,27 mit Mk 15,40-41 und Joh 19,25-27).

Der Zug endete auf einem Hügel, dessen aramäischer Name Golgatha (»Schädelstätte«) auf seine kuppenartige Gestalt hinweist. Man sucht ihn in der Regel im Bereich der von dem römischen Kaiser Konstantin erbauten und heute noch stehenden Grabeskirche, der damals westlich der Zweiten Mauer vor der Stadt gelegen haben muß. Dort angekommen, wurde ihm zur Linderung seiner Schmerzen und damit zugleich zur Verlängerung seiner Leiden mit Myrrhe vermischter Wein angeboten, den Jesus jedoch ablehnte. Unterdessen würfelten die Soldaten um seine Kleider als einen zusätzlichen Lohn für ihren Schergendienst (vgl. Ps 22,19). Erst am Ende dieser einleitenden Mitteilungen berichtet Markus, daß die Kreuzigung in der dritten Stunde stattfand (Mk 15,22-25). Da man den Tag zwischen Sonnenauf- und Sonnenuntergang in zwölf (im Verlauf des Jahres unterschiedlich lange) Stunden gliederte, dürfte Jesus nach unserer Zeitrechung etwa um 9 Uhr früh gekreuzigt worden sein. Da er nach Mk 15,34 in der neunten Stunde gestorben ist, dauerte sein Leiden sechs Stunden, in denen er nackt und blutig geschlagen einer zunächst blendend hellen Sonne und den mitleidslosen Augen der Gaffer und Spötter ausgesetzt war. Eine Inschrift auf seinem Kreuz nannte den Grund für seine Hinrichtung: »Der König der Juden« (Mk 15,25; Lk 23,38; vgl. Mt 27,37 mit vorangestelltem »Jesus«). Nach Joh 19,19-20 hat sie gelautet: *»Jesus von Nazareth, der König der Juden«.* Die Inschrift war nach Johannes dreisprachig verfaßt, einmal in der Volkssprache und also auf Hebräisch bzw. Aramäisch, einmal in der Verwaltungssprache und Verkehrssprache der Osthälfte des Römischen Reiches und also auf Griechisch, und schließlich in der Amts- und Verkehrssprache der Westhälfte des Reiches und also auf Lateinisch: Wer immer vorüberging, sollte lesen, wie die Römer einen Aufrührer bestraften! Damit sind, ersetzen wir das Hebräische durch das Aramäische, zugleich die drei Weltsprachen genannt, in denen alsbald die Botschaft von dem Gekreuzigten und Auferstandenen ihren Siegeslauf unter den Völkern antreten sollte.

Zusammen mit Jesus wurden zwei »*Verbrecher*« (vgl. Jes 53,12), vermutlich Aufständische, gekreuzigt, einer zu seiner Rechten und einer zu seiner Linken. Sie sollen sich ebenfalls wie die Vorübergehenden an seiner Verspottung beteiligt (Mk 15,27.32b) und ihn an sein angebliches Wort vom Abriß und Aufbau des Tempels erinnert haben. Dann hätten sie ihm ein »*Rette dich selbst* (wenn du kannst) *und steige herab vom Kreuz* (aber du kannst es nicht)*!*« zugerufen (Mk 15.29-30). Ebenso hätten ihn die Hohenpriester und Schriftgelehrten spöttisch aufgefordert, zum Zeichen, daß er wirklich der Gesalbte und König Israels sei, von seinem Kreuz herabzusteigen; denn wenn sie das sähen, so wollten sie es glauben (Mk 15,31-32; vgl. Mt 27.41-43; Lk 23,35b-37 und Weish 2,16-18).

Der besondere Beitrag des von Lukas gegebenen Berichts besteht darin, daß er bei den beiden Verbrechern zwischen einem guten und einem bösen unterscheidet. Dabei läßt er den guten zugeben, daß er seine Strafe verdient habe, den bösen aber spöttisch sagen: »*Bist du nicht der Christus? Rette dich selbst und uns!*« Den guten aber läßt er ihn zurechtweisen: »*Fürchtest du Gott nicht, der du in gleicher Verdammnis bist? Wir empfangen zwar, was wir gerechter Weise mit unseren Taten verdient haben; dieser aber hat nichts Unrechtes getan.*« Dann aber habe er zu Jesus gewandt gesagt: »*Jesus, gedenke an mich, wenn du in dein Reich eingehst.*« Und Jesus habe ihm geantwortet »*Wahrlich ich sage dir; heute* [schon] *wirst du mit mir im Paradiese sein!*« (Lk 23.39-43) Das ist der Jesus, den Lukas, kaum war er gekreuzigt, sagen ließ (Lk 23,34): »*Vater, vergib ihnen; denn sie wissen nicht, was sie tun!*« So ist der Gekeuzigte für Lukas der, der noch in seinen letzten Stunden für seine Feinde betet und dem reuigen Sünder verspricht, daß seine Seele mit ihm im Paradiese weilen werde.

Kehren wir zum Markusbericht zurück, so sind inzwischen drei Stunden vergangen: »*Und als die sechste Stunde gekommen war, kam eine Finsternis über das ganze Land bis zur neunten Stunde.*« (Mk 15,32) Der Leser soll sich an Mk 13,24 erinnern, wo es in der großen Rede über die Endzeit heißt, daß sich die Sonne verfinstern werde, wenn der Menschensohn zum Gericht erscheine. Entsprechend soll die so plötzlich hereinbrechende Dunkelheit den sterbenden Jesus als den kommenden Menschensohn beglaubigen.

In der neunten Stunde aber habe Jesus in seiner durch die drohende Erstickung gesteigerten Angst und Pein mit dem Notschrei aus Ps 22,2 seiner Gottesverlassenheit Ausdruck gegeben: *»Mein Gott, mein Gott, warum hast du mich verlassen?«* (Ps 22,2) Einige, so heißt es, meinten, er riefe Elia um Hilfe, ein Mißverständnis, das durch das aramäische Wort *»mein Gott«* (Elahi/Elohi) möglich wäre. Einer habe daraufhin Jesus auf einem Rohr einen mit saurem Wein getränkten Schwamm gereicht und ihn davon trinken lassen. Dazu habe er erklärt: *»Laßt, wir wollen sehen, ob Elia kommt, ihn abzunehmen!«* Auch er will sehen, ehe er glaubt, und deshalb Jesu Tod hinauszögern. Aber nichts dergleichen geschieht, statt dessen *»schrie Jesus abermals mit lauter Stimme und verschied.«* (Mk 15,34-37) Lukas legt ihm statt der Klage aus Ps 22 als letztes Wort die fromme Bitte aus Ps 31,6 in den Mund: *»Vater, in deine Hände empfehle ich meinen Geist!«* (Lk 23,46) und läßt ihn damit gottergeben sterben. Nach Johannes hat Jesus dagegen mit seinem letzten Wort *»Es ist vollbracht!«* erklärt, daß er mit seinem Sterben sein Werk als Erlöser der Welt erfüllt habe (vgl. Joh 19,30 mit 1,29).

In dem Augenblick, in dem Jesus seinen Geist aufgab, sei der Vorhang des Tempels von oben bis unten in zwei Teile zerrissen. Hinter diesem Vorhang versöhnte der Hohepriester Jahr um Jahr am Großen Versöhnungstag sein Volk mit dem im Allerheiligsten geheimnisvoll gegenwärtigen Gott (Lev 16,15-16). Zerreißt der Vorhang, so hat Gott seinen Tempel verlassen und ihn der Zerstörung preisgegeben (Mk 15,38). Dieser Zug spielt auf die Zerstörung des Tempels im Jahre 70 n. Chr. durch die Römer. Das Matthäusevangelium unterstreicht die Bedeutung des Todes Jesu als seiner Einsetzung zum kommenden Menschensohn und Weltenrichter, indem es hinzufügt, daß die Erde erbebte, sich Felsen spalteten, Grüfte öffneten und viele Leiber der entschlafenen Heiligen aus ihnen hervorkamen, in die Heilige Stadt gingen und dort vielen erschienen (Mt 27,52-53).

Die Geschichte des irdischen Jesus ist beendet. Und so spricht der römische Offizier, der von Amts wegen bis zum Tod des Delinquenten am Ort der Hinrichtung auszuharren hat, das Schlußwort und das Nachwort, das auch wir als solches stehen lassen: »*Wahrlich, dieser Mensch ist Gottes Sohn gewesen*« (Mk 15,39; Mt 27,54; vgl. Lk 23,47).

10. DIE FRAUEN UNTER DEM KREUZ
UND DIE BEISETZUNG JESU

Jesu Beisetzung gehört bereits zur Nachgeschichte und bereitet die Ostergeschichte vor: Als das Mitglied des Hohen Rates Joseph aus Arimathia (dem heutigen Ramallah) von dem Tode Jesu hörte, begab er sich als ein Mann, der Jesu Verkündigung von der kommenden Gottesherrschaft angenommen hatte, am Abend zu dem Statthalter, der seiner Bitte um die Freigabe des Leichnams Jesu zur Beisetzung entsprach. So konnte er den Toten vom Kreuz abnehmen und ihn, nachdem er ihn in ein neues Leintuch gehüllt hatte, in einem Felskammergrab beisetzen (Mk 15,42-47).

Hier werden nun zum zweiten Mal in der Passionsgeschichte die Frauen erwähnt, die, anders als die Jünger, unter dem Kreuz gestanden hatten. Da wir oben die Namen der zwölf Jünger genannt haben, gebieten es Achtung und

Gerechtigkeit, auch die Namen dieser Frauen ins Gedächtnis zu rufen: Maria Magdalena, Maria, die Mutter Jakobus des Kleinen und des Joses (zweier uns sonst nicht bekannter Jünger), und Salome, über die wir nichts weiter wissen, die aber den Tradenten der Leidens- und Ostergeschichte wichtig gewesen sein muß. Sie standen nach Markus unter dem Kreuz, und von ihnen eilten die beiden Marien in der Frühe des ersten Tages wieder zu seinem Grab, dessen Lage ihnen als Zeugen seiner Beisetzung bekannt gewesen ist (vgl. Mk 15,40 mit 15,47 und 16,1). Im Matthäusevangelium wird neben Maria Magdalena Maria, die Mutter der Söhne des Zebedäus, der beiden Jünger Jakobus und Johannes (Mt 27,56), oder »die andere Maria« (Mt 27,61; 28,1) genannt. Sie könnte mit Salome gleichzusetzen sein (Mt 27,56). Lukas übergeht ihre Namen an den drei ersten Stellen, wo er nur von den Frauen, die mit ihm aus Galiläa gekommen waren, spricht (Lk 23,49.55 und 24,1), um dann zu berichten, daß die beiden Marien zusammen mit einer Johanna den Jüngern die Botschaft vom leer aufgefundenen Grab Jesu und der ihnen zuteilgewordenen Engelsbotschaft von seiner Auferweckung übermittelten (Lk 24,10).

Einer ganz anderen Überlieferung folgt das Johannesevangelium, indem es davon berichtet, daß außer Maria, der Mutter Jesu, ihrer Schwester sowie Maria, der Frau des Klophas, und Maria Magdalena auch der Lieblingsjünger unter dem Kreuz gestanden habe. Jesus habe ihm Maria als seine Mutter und ihr den Jünger als ihren Sohn bezeichnet, worauf der Jünger sie in sein Haus aufgenommen habe (Joh 19,25-27). Man deutet das dahingehend, daß Maria auf diese Weise zur Mutter der ganzen Kirche geworden sei. Aber es ist nicht ausgeschlossen, daß sich hinter dieser Notiz das Wissen darum verbirgt, daß Maria ihre letzten Lebensjahre in der Tat in Ephesus verbracht hat, wo der Verfasser des Johannesevangeliums nach altkirchlicher Tradition gewirkt hat. Klophas aber war nach altkirchlicher Überlieferung ein Vetter Jesu. Sein Sohn Simon sollte als Neffe des Herrenbruders Jakobus nach dessen Hinrichtung die Leitung der Jerusalemer Gemeinde übernehmen und unter Trajan als Abkömmling Davids und Christi gekreuzigt werden (Eus.ecc.hist. III.xii.1.xxxii.1-4).

Bei der Grablegung führt Johannes zusätzlich zu Joseph aus Arimathia noch den Ratsherrn Nikodemus ein, der den Lesern des Evangeliums bereits aus dem nächtlichen Gespräch mit Jesus in 2,23-3,21 und seiner Ablehnung, Jesus ohne Verhör zu verurteilen, als ein Jesus freundlich gesinntes Mitglied des Hohen Rats und Pharisäer bekannt ist (Joh 7,50-53). Er soll sich an der Grablegung Jesu in einem in der Nähe der Hinrichtungsstätte in einem Garten gelegenen neuen Grab beteiligt und ihn mit einer überreichen, so nur dem Gottessohn gebührenden Totensalbung geehrt haben (Joh 19,39-41). Dieser Zug macht ebenso die Erzählung von der Salbung in Bethanien (ihre Erwähnung in Joh 11,2 dürfte nachträglich eingefügt worden sein) wie die angeblich von den Frauen am ersten Tag der Woche geplante Salbung überflüssig, mit der die drei anderen Evangelien ihre Osterberichte einleiten; denn er steht in Spannung zu der die Endgültigkeit der Beisetzung markierenden Einhüllung Jesu in ein Leintuch und dem doch wohl bereits für den dritten Tag geltenden »*iam fetet*« (Joh 10,39).

Blicken wir auf diese Zeugenlisten zurück, so rücken die Frauen aus Jesu Nachfolge kurz in den Vordergrund, ehe die Berichte der Erscheinungen vor den Jüngern sie ablösen. Die unterschiedlichen Namen in der synoptischen und der johanneischen Tradition zeigen, daß die Verwandten Jesu in der Zwischenzeit an Bedeutung gewonnen hatten. Nach Joh 20,1 entdeckte Maria Magdalena das leere Grab, und nach 20,14-18 erschien ihr der Auferweckte noch vor den Jüngern und damit auch vor Petrus, dem 1 Kor 15,5; Mk 16,7 und Lk 24,34 diese Ehre als erstem unter den

Zwölfen zuweisen. Vielleicht ist in diesem Fall statt eines Entweder-Oder ein Sowohl-Als-auch angebracht, weil das Übergehen der Maria Magdalena auf patriarchalische Ansichten in der judenchristlichen Urgemeinde zurückgehen könnte, in der Jakobus das Sagen hatte und die Familienerbfolge der Ämter galt. Doch damit ist es Zeit, daß wir uns den Osterberichten zuwenden.

VI Die Erscheinungen des Auferstandenen und der Glaube an Jesus Christus, den erhöhten Herrn

1. DAS ZEUGNIS DER OSTERBERICHTE VON DER AUFERWECKUNG JESU VON DEN TOTEN

1.1 Das Osterbekenntnis als Zentrum des christlichen Glaubens

Erst wenn wir uns den biblischen Berichten von den Erscheinungen des Auferstandenen zuwenden, bekommen wir es mit den grundlegenden Ereignissen des christlichen Glaubens zu tun. Denn erst im Osterlicht wird aus dem, geschichtlich beurteilt, an seinem Gottvertrauen gescheiterten Wanderprediger Jesus von Nazareth der Christus des Glaubens und Kyrios, der Herr und kommende Menschensohn. Wir sind gut beraten, wenn wir statt bei den Erzählungen der Evangelien bei dem Sammelbericht des Apostels Paulus 1 Kor 15,1-11 einsetzen, der in den V.3b-7 das älteste urchristliche Osterbekenntnis enthält. Es erwähnt zunächst die grundlegenden Heilstatsachen von Jesu Begräbnis und Auferweckung, um dann die Erscheinungen des Auferstandenen vor Petrus bis zu dem Heidenapostel selbst aufzuzählen. Doch ehe wir die Liste mit den Osterberichten der Evangelien vergleichen, ist es nötig, sie in ihrem Kontext zu lesen. Denn erst so wird deutlich, daß Paulus das Bekenntnis nicht konstruiert, sondern als das in den Gemeinden gültige übernommen hat (1 Kor 15,1-18):

1 Ich tue euch, Brüder, das Evangelium kund, das ich euch verkündigt habe, das ihr angenommen habt, in dem ihr auch steht, 2 durch das ihr auch gerettet werdet, wenn ihr es in dem Sinn festhaltet, in dem ich es euch verkündigt habe, es sei denn, ihr wäret unüberlegt zum Glauben gekommen. 3 Denn ich habe euch in erster Linie überliefert, was auch ich empfangen habe, daß Christus für unsere Sünden gestorben ist nach den Schriften 4 und daß er begraben worden ist und daß er am dritten Tage auferweckt ist nach den Schriften 5 und daß er erschienen ist dem Kephas, dann den Zwölfen. 6 Danach ist er mehr als fünfhundert Brüdern auf einmal erschienen, von denen die meisten bis jetzt noch leben, etliche aber entschlafen sind; 7 dann ist er dem Jakobus erschienen, dann den Aposteln allen; 8 als letztem von allen ist er auch mir gleichsam als einer Fehlgeburt erschienen. 9 Denn ich bin der geringste der Apostel, der ich nicht wert bin, ein Apostel genannt zu werden, weil ich die Gemeinde Gottes verfolgt habe; 10 durch Gottes Gnade aber bin ich, was ich bin, und seine Gnade gegen mich ist nicht vergeblich gewesen, zumal ich mich mehr als alle anderen abgemüht habe, aber nicht ich, sondern die Gnade Gottes, die mir beistand. 11 Sei es nun ich, seien es jene, so verkündigen wir, und so seid ihr gläubig geworden.

Paulus beruft sich gegenüber der von ihm gegründeten Gemeinde in Korinth darauf, daß er dasselbe Evangelium verkündet wie die anderen Apostel. Es läßt sich in den beiden Sätzen zusammenfassen, daß Christus für die Sünden seiner Gemeinde gestorben, begraben und am dritten Tag auferweckt worden ist. Diese Fakten wurden nach der Überzeugung der urchristlichen Gemeinde durch das Zeugnis der biblischen Schriften bestätigt. Sie teilte dabei den im damaligen Judentum verbreiteten Glauben, daß der eigentlicher Inhalt der biblischen Bücher von den Ereignissen der Endzeit handelt. Entsprechend wurden sie in den urchristlichen Gemeinden als Weissagungen auf Jesu Leiden und Auferstehung ausgelegt. Da Paulus voraussetzen konnte, daß der Schriftbeweis den Empfängern des Briefes bekannt war, brauchte er ihn an dieser Stelle nicht zu entfalten. An diese Notiz schließt sich die Aufzählung derer an, denen der Auferweckte erschienen ist. Der Reihe nach sind dies 1.) Kephas, d.h. Petrus; 2.) die zwölf Jünger, 3.) mehr als 500 Brüder (die Schwestern eingerechnet); 4.) der Herrenbruder Jakobus, 5.) alle Apostel und 6.) als Nachtrag zu dem überlieferten Bekenntnis Paulus selbst, dem sich der Auferstandene in einem größeren zeitlichen Abstand zu den vorher genannten offenbart hatte.

1.2 Die Osterberichte der Evangelien

Sucht man die Liste mit den Ostergeschichten der Evangelien zur Deckung zu bringen, ergeben sich eine Reihe von Schwierigkeiten. Daß die der Aufzählung nach erst relativ spät erfolgte Erscheinung vor dem Herrenbruder Jakobus in den Berichten fehlt, ist nicht erstaunlich, da er erst nach Ostern das Haupt der Jerusalemer Urgemeinde und damit die führende Gestalt in den übrigen Gemeinden geworden war. Daher wird er im Neuen Testament außer in der Liste der Brüder Jesu in Mk 6,3 erst wieder von Paulus im Galaterbrief (Gal 1,19; 2,9) und von Lukas in der Apostelgeschichte (Apg 15,13; 21,18) erwähnt. Ob der seinen Namen tragende und damit seiner Autorität unterstellte Brief im Neuen Testament von Paulus selbst verfaßt worden ist, können wir im vorliegenden Zusammenhang offenlassen.

Seltsam ist, daß die drei ersten Evangelien keinen Bericht über die von Paulus an erster Stelle genannte Erscheinung vor Petrus enthalten. In der Erzählung vom Gang der Frauen zum Grabe Jesu in Mk 16,1-8 wurde V.7 vermutlich erst von dem Evangelisten eingefügt, denn der Befehl, den Jüngern und Petrus zu berichten, daß der Auferstandene ihnen nach Galiläa vorangehen werde und sie ihn dort sehen würden, widerspricht dem folgenden Vers 8. Denn nach ihm sollen die Frauen niemandem etwas von dem leeren Grab und der ihnen von einem Engel mitgeteilten Auferweckung Jesu gesagt haben. Dieser Widerspruch ist in Mt 28,8 aufgelöst, indem die Frauen hier den ihnen erteilten Befehl an die Jünger ausrichten.

Die an Mk 16,8 anschließenden Verse 9-20 sind eine sekundäre Zusammenfassung der nachösterlichen Ereignisse in den anderen Evangelien und ersetzten den aus welchen Gründen auch immer verlorenengegangenen ursprünglichen Schluß des Evangeliums. Immerhin fällt auf, daß in Mk 16,9 Maria Magdalena die erste Erscheinung des Auferstandenen zugeschrieben wird. Davon ist sonst nur in Joh 20,11-18 die Rede: Danach sei Maria Magdalena als erste zu Jesu Grab gegangen, habe den Verschlußstein geöffnet gefunden und es Petrus und dem Lieblingsjünger berichtet. Daraufhin seien beide Jünger zum Grab gelaufen, um festzustellen, daß das Grab tatsächlich leer sei. Maria aber sei am Grab stehengeblieben, habe den ihr erscheinenden Jesus für den Gärtner gehalten und ihn gefragt, wo er den Leib Jesus hingetragen habe. Darauf habe er sie angesprochen und sie ihn als den Herrn erkannt. Erst am Abend desselben Tages sei er dann den aus Angst vor den Juden hinter verschlossenen Türen sitzenden Jüngern erschienen, um sie so auszusenden, wie ihn selbst sein Vater gesandt habe. Dann habe er sie angehaucht und ihnen den heiligen Geist und die Vollmacht zur Sündenvergebung verliehen (Joh 20, 19-23).

Anschließend sei er dem erst später hinzugekommenen Jünger Thomas erschienen, der dem Bericht seiner Gefährten nicht traute. Daraufhin habe ihn der Auferstandene aufgefordert, einen Finger in seine Seitenwunde zu legen. Dann aber habe er zu ihm gesagt: *»Weil du mich gesehen hast, glaubst du? Selig sind, die mich nicht sehen und doch glauben.«* Die Gemeinde des Auferweckten wird künftig auf das Zeugnis der Jünger angewiesen sein. Wer auf ihr Wort hin an den Auferstandenen als den, der den Weg zum Vater geöffnet hat, glaubt, befindet sich auf dem Wege zu ihm (20,23).

Erst im nachgetragenen zweiten Schluß des Johannesevangeliums (vgl. Joh 20,30-31 mit 21,24-25) wird eine Geschichte von dem erfolgreichen Fischzug des Petrus berichtet, zu dem ihn der Auferstandene aufgefordert habe (Joh 21,1-14). Die Erzählung endet mit einer gemeinsamen Mahlzeit des Auferstandenen mit den Jüngern. Dieser Zug wendet sich in seinem Realismus wie die beiden vorausgegangenen Szenen gegen eine sich seit den letzten Jahrzehnten des 1. Jahrhunderts n. Chr. verbreitende Lehre, derzufokge der irdische Jesus nur einen Scheinleib besessen habe und zu keiner Zeit ein wirklicher Mensch gewesen sei. Die Erzählung schließt in den V.15-29 mit dem Petrus erteilten Befehl des Auferstandenen, seine Schafe zu weiden (und der Weissagung seines Zeugentodes). Abgesehen von der Voraussage seines Martyriums und der Beantwortung der Frage des Petrus nach dem Verbleib des Lieblingsjüngers besitzt die Erzählung eine Entsprechung in dem Bericht vom Fischzug des Petrus am See Genezareth in Lk 5,1-11. Denn dieser endet mit einer entsprechenden Erklärung Jesu, daß er ihn zum Menschenfischer machen wolle. Im Hintergrund beider Berufungserzählungen steht der knappe Bericht von der Berufung des Petrus und seines Bruders Andreas in Mk 1,17: *»Folgt mir nach, dann werde ich euch zu Menschenfischern machen.«* Daher liegt die Vermutung nahe, daß es eine Überlieferung von einem Fischzug des Petrus gegeben hat, die uns in zwei Spielarten vorliegt. Nach der einen hätte der irdische Jesus zu Beginn seines Wirkens Petrus zum Menschenfischer berufen (Lk 5). Nach der anderen hätte ihn erst der Auferstandene damit beauftragt (Joh 21). Der Vergleich ergibt, daß uns der ursprüngliche, in 1 Kor 15,4 vorausgesetzte Bericht über die Erscheinung des Auferstandenen vor Petrus nicht erhalten ist. Vermutlich hängt das damit zusammen, daß die maßgebliche Auswertung der Überlieferung in den ersten Jahrzehnten nach Jesu Tod in den Händen des Jakobus und der judenchristlichen Gemeinde in Jerusalem lag, während Petrus auf den zweiten Platz verwiesen wurde; denn er hatte zwar als Judenmissionar begonnen (Gal 1,7-8), später aber ebenfalls unter den Heiden missioniert (Gal 2,11-13; vgl. Apg 10). Aufgrund dieser Quellenlage entzieht es sich unserer Kenntnis, ob sich die Jünger nach der Verhaftung Jesu zunächst in ihre galiläische Heimat zurückgezogen haben oder in Jerusalem geblieben sind. Denn dem Hinweis in Mk 16,8 und Mt 28,7 auf die Erscheinungen des Auferstandenen vor Petrus und den Jüngern in Galiläa und der entsprechenden Erzählung in Joh 21 stehen die Erzählungen in Lk 24, vgl. Apg 1 und Joh 20 gegenüber, die ihre ununterbrochene Anwesenheit in Jerusalem voraussetzen.

Unbeschadet dessen bestätigt Lukas die Reihenfolge der Erscheinungen des Auferstandenen in 1 Kor 15,5, weil auch ihm zufolge der Herr zuerst Petrus und noch am selben Tag den Jüngern erschienen ist: Die von ihm berichtete Geschichte von der Erscheinung Jesu vor den beiden Jüngern auf dem Wege nach Emmaus schließt an die Botschaft der beiden Marien in 24,1-11 vom leeren Grab an und mündet in die Erscheinung vor den in Jerusalem versammelten Jüngern, bei der er mit ihnen zusammen Fische ißt und sie auffordert, bis zu seiner Himmelfahrt in der Stadt zu bleiben (24,36-48). Die beiden Emmausjünger, Kleopas und ein weiterer, namenloser, erfahren bei ihrer Rückkehr nach Jerusalem zu den Jüngern und deren Genossen, daß der Herr inzwischen Petrus erschienen ist (Lk 24,33-34): *»der Herr ist wahrhaftig auferstanden und dem Petrus erschienen.«*

1.3 Der Bericht von der Erscheinung vor den Jüngern auf dem Gang nach Emmaus

Über der einer Sondertradition entstammenden Erzählung von dem Gang der beiden Jünger nach Emmaus liegt ein besonderen Zauber (Lk 24,13-32): Die Jünger treffen auf ihrer sich bis gegen Abend hinziehenden Wanderung einen Fremden, der sie nach dem Inhalt ihrer Unterhaltung fragt. Daraufhin antwortet ihm Kleopas mit der Gegenfrage, ob er der einzige Jerusalemer sei, der nichts von dem traurigen Geschehen in der Stadt wisse. Auf die Rückfrage des Unbekannten hin, worum es sich handle, berichten sie ihm von der Kreuzigung Jesu, um dann zu bekennen: *»Wir aber hofften, daß er es sei, der Israel erlösen sollte. Aber inzwischen ist es schon der dritte Tag, seit das alles geschehen ist.«* (V.21) Überdies seien sie durch Nachrichten von etlichen Frauen beunruhigt, die behaupteten, daß sie sein Gab leer gefunden hätten und ihnen Engel erschienen seien, die ihnen gesagt hätten, daß er lebe. Daraufhin seien etliche von ihnen zu dem Grab gelaufen und hätten die Nachricht vom leeren Grabe bestätigt gefunden. Da sagt der Fremde zu ihnen: *»O ihr, die ihr unverständig und zu schweren Herzens* (langsam von Begriff) *seid, um an alles zu glauben, was die Propheten gesagt haben. Mußte der Gesalbte* (Christus) *nicht dies alles erleiden und [dann]* *in seine Herrlichkeit eingehen*« (Lk 24,25-26)? Dann aber führt er sie in den Schriftbeweis ein, wie er es dann am nächsten Abend auch bei den in Jerusalem versammelten Jüngern gehalten haben wird, ehe er ihnen verheißen wird, daß auch ihnen der Geist des Vaters verliehen werde (V.44-49). Das Bewegende an dieser ganzen Erzählung liegt in der Zwischenszene, in der die Jünger den Fremden erfolgreich bitten, bei ihnen zu bleiben, weil sich der Tag geneigt habe und es Abend geworden sei. Erst als er im Hause das Brot bricht, erkennen sie, daß der Auferstandene in ihrer Mitte weilt – aber da entschwindet er ihren Blicken (V.28-32). So sind auch sie zu Zeugen des Auferstandenen berufen und eilen nach Jerusalem, es den dort versammelten Jüngern zu sagen, deren Kreis nicht auf die Elf beschränkt war. Trotz seines Sonderguts folgt Lukas in c.24 wie in seinem Bericht von der Vernehmung Jesu durch Pilatus derselben Tradition, die sich in einer anderen Brechung in Johannes 20 findet, nur daß dort die Erscheinung vor Petrus erst in c.21 nachgetragen ist. In einem geht Johannes freilich über Lukas hinaus: Denn nach Joh 20,1-18 wurde die erste Erscheinung des Auferstandenen Maria Magdalena zuteil, worauf wir bereits oben hingewiesen haben. Denn das urchristliche Bekenntnis war offenbar in erster Linie an den Führern der Gemeinde, den Jüngern und dem weiteren Kreis der Apostel als den Zeugen für Wahrheit der christlichen Botschaft interessiert. Paulus selbst hätte keinen Grund besessen, nicht von der Erscheinung vor Maria Magdalena zu berichten, da er den Grundsatz vertreten hat, daß auch die Frauen volle Mitglieder der Gemeinde sind (Gal 3,28) – ohne ihnen jedoch deshalb ein Rederecht in den Gemeindeversammlungen zuzuerkennen (1 Kor 14,34-35).

1.4 Die Erscheinung des Auferstandenen vor fünfhundert Brüdern und die Pfingstgeschichte

Die von Paulus in 1 Kor 15,6 erwähnte Erscheinung vor über fünfhundert Brüdern muß sich in einer großen Gemeindeversammlung in Jerusalem ereignet haben, ohne daß sich von ihr ein entsprechender Bericht in den Evangelien findet. Bedenken wir, welche Bedeutung die Verleihung des Geistes in Lk 24,45-48 hat, so liegt die Annahme nahe, daß es sich bei der Erzählung von der Geistverleihung am Pfingsttag in Apg 2 um eine abgewandelte Form des Berichts von der Erscheinung des Auferstandenen vor den fünfhundert Brüdern (und Schwestern) handelt. Sie beginnt mit dem Bericht davon, daß sich der heilige Geist in Gestalt von Feuerflammen auf den Häuptern der Jünger niederließ (2,1-13). Sie endet in einer Musterpredigt, die Petrus als Meister des Schriftbeweises und vollmächtigen Geistträger kennzeichnet; denn durch sie soll er etwa dreitausend Menschen zur Taufe bewegt haben, an denen sich so die Verheißung der Verleihung des heiligen Geistes erfüllte (Apg 2,14-41, vgl. V.15 mit V.41). An die Stelle der unmittelbaren Geistverleihung an die Jünger tritt in der Urgemeinde und weiterhin in der Kirche die Taufe. Von ihrer Bedeutung wird alsbald zu reden sein (vgl. S. 144 und 168).

1.5 Das Zeugnis vom leeren Grab

Wir haben inzwischen mehrfach daran erinnert, daß Maria Magdalena zu den Frauen gehörte, die unter Jesu Kreuz gestanden und sein leeres Grab entdeckt haben. Sie galt mithin in den urchristlichen Gemeinden als die Hauptzeugin für seinen Tod und sein leeres Grab. Um diesen Glauben gegen den offenbar bei Juden umlaufenden Vorwurf zu sichern, daß die Jünger selbst Jesu Leichnam gestohlen hätten, fügt das Matthäusevangelium hinter dem Bericht von Jesu Grablegung die Notiz ein, daß die Hohenpriester und Pharisäer von Pontius Pilatus eine Wache an dem Grab erbeten hätten, damit die Jünger ihn nicht stehlen und nachher behaupten könnten, daß er auferstanden sei (Mt 27,62-66).

Ob das leere Grab auch in 1 Kor 15,4a vorausgesetzt wird, ist umstritten. Die hier vorliegende Gegenüberstellung von Jesu Beisetzung und Auferweckung läßt sich jedoch mit größter Wahrscheinlichkeit zugunsten der inhaltlichen Zusammengehörigkeit beider deuten, wenn man die anschließende Lehre des Apostels von der am jüngsten Tage erfolgenden Verwandlung der Toten und Lebenden in die Überlegung einbezieht. Denn bei der in V. 40-48 vertretenen Lehre dürfte es sich um einen Analogieschluß von der Verwandlung des Leibes Christi auf die Verwandlung der Leiber der Christen handeln: Wenn der irdische, »fleischliche« und verwesliche Leib des Christen in einen himmlischen, geistigen Leib verwandelt wird, ereignet sich an ihm nichts anderes als das, was sich in Jesu Auferstehung ereignet hat: Seine Verwandlung in den Geist ist eine Aufhebung seines Leibes und damit die Vorwegnahme der großen Verwandlung am Ende aller Zeiten, wenn die Welt der Erscheinungen sich als die andere Seite der Welt des Geistes offenbart (V.50-53):

50 »Dies aber sage ich euch, Brüder, daß Fleisch und Blut das Reich Gottes nicht ererben können. 51 Siehe, ich sage euch ein Geheimnis: Wir werden nicht alle entschlafen, wir werden aber alle verwandelt, 52 ganz plötzlich, in einem Augenblick, beim Schall der letzten Posaune; wenn sie erschallt, werden die Toten unverweslich erweckt und wir alle verwandelt. 53 Denn dieses Verwesliche muß Unverweslichkeit anziehen und dieses Sterbliche Unsterblichkeit anziehen.«

In diesem Reich wird Gott alles in allen sein, denn in ihm gibt es keine Grenzen, sondern nur eine unbegrenzte Freiheit und vollkommene Seligkeit: Dann steht Gott über allen und ist er in allen reine und zeitlose Gegenwart (1 Kor 15,28). – Den bildhaften Rahmen bildet für den einstigen Pharisäer Paulus (Phil 3,4-6) die Vorstellung von dem endzeitlichen Drama, wie er es als Pharisäer zu erwarten gelernt hatte. Ihren empirischen Kern besaß sie für Paulus in der ihm zuteilgewordenen Erscheinung des Auferstandenen in einer Lichtgestalt, wie sie das Gemeinsame in den sich in Einzelheiten unterscheidenden Berichten spiegelt, die Lukas aus der Gemeindeüberlieferung übernommen hat (Apg 9,3; 22,6.11; 26,13; vgl. Gal 1,11-17). Allerdings waren solche endzeitlichen Vorstellungen in der Urchristenheit nicht die einzigen. Denn daneben gab es auch die andere, nach der die Seelen der Frommen bereits im Augenblick ihres Todes in die himmlische Welt eingehen. In diesem Sinne läßt Lukas Jesus dem frommen Schächer in Lk 23,43 verheißen: »*Wahrlich, ich sage dir: Heute wirst du mit mir im Paradiese sein.*« Die Mystiker aller Zeiten bestätigen die Schau des Apostels, wenn sie davon berichten, daß sie in einer Grenzsituation als Antwort auf ihre vollkommene Selbstübergabe an Gott das unerschaffene Urlicht geschaut haben. Es ist in der erscheinenden Welt nicht wahrzunehmen, sondern nur in einem seltenen Blick in die Welt des Geistes. Er öffnet sich denen, die dem Tode nahe sind und ihr Leben ohne Vorbehalt in Gottes Hände legen.

2. DIE EINHEIT DES IRDISCHEN UND DES ERHÖHTEN HERRN ALS ANTWORT DES GLAUBENS

2.1 Die Erscheinungen des Auferstandenen als Herausforderung zu einer Neubestimmung Jesu

Die Erscheinungen des Auferstandenen stellten die ersten Christen vor die Frage, wer dieser außerordentliche, in seinem Gottvertrauen unerschütterliche Mensch Jesus von Nazareth eigentlich gewesen ist. Was hat Gott veranlaßt, ihn als den einzigen dem Tode und der Erde zu entreißen und in seine Welt zu entrücken? Ihn hatten seine Jünger und Nachfolgerinnen als den ganz Anderen empfunden, der über allen kleinlichen und großen Wünschen stand, die sonst uns Menschen zu bewegen pflegen. Denn sein Leben wurde tatsächlich ganz durch die Liebe zu Gott und den Menschen bestimmt. Darüber hinaus zeichnete er sich durch überzeugende Predigten und Machterweise aus. Er wurde in ihren Augen verständlicherweise durch seine Erscheinungen als ein übermenschliches Wesen ausgewiesen; denn niemand auf Erden kam ihm, um eine Wendung des größten evangelischen Theologen der Neuzeit, Daniel Friedrich Schleiermacher, aufzugreifen, in seinem stetigen und kräftigen Gottesbewußtsein gleich. Die unaufgebbare Antwort des Glaubens lautet: Er kam aus der Welt Gottes und ist in die Welt Gottes zurückgekehrt.

2.2 Die Antworten des Glaubens als Symbol und Wirklichkeit

Die Antworten gingen von den Gestalten aus, die in seiner Predigt und in seiner Verurteilung die größte Rolle gespielt hatten: dem Sohn Gottes, dem Messias oder Christus und dem kommenden Menschensohn als dem Vollstrecker des Jüngsten Gerichts. Sie begaben sich damit in den Bereich mythischer, von ihrer jüdischen Umwelt bereitgestellter

Vorstellungen, die von den irdischen Verhältnissen auf überirdische zurückschließen. Daß sie als solche einen analogen Charakter besitzen, war dem Apostel Paulus in 1 Kor 13,12 bewußt: *»Denn wir sehen jetzt durch einen Spiegel in rätselhafter Weise; dann aber von Angesicht zu Angesicht. Jetzt erkenne ich stückweise, dann aber werde ich ganz erkennen, wie ich auch ganz erkannt bin.«*

Heute sehen wir in den Möglichkeiten, über die jenseitige Welt zu reden, ein erkenntnistheoretisches Problem, weil wir von ihr nur in analoger Weise zu der uns erscheinenden raum-zeitlichen Welt reden können. Denken läßt sich nur die reine Transzendenz, das reine Jenseits als die Kehrseite des Diesseits. Vorstellen aber lassen sich die in ihr wirkenden, personalen geistigen Kräfte nur in Entsprechungen, in Analogien zu der uns erscheinenden Welt. So konnte und kann man auch dem erhöhten Christus nur Würdetitel in Analogie zu irdischen geben. Auf Erden galten (und gelten zum Teil noch heute) Könige als die höchsten Menschen. Da man im zeitgenössischen Judentum zumal den Messias, den zum König gesalbten oder Sohn Gottes, als den Erlöser Israels erwartete und der Vorwurf, daß Jesus sich diese Stellung angemaßt hätte, zu seiner Hinrichtung geführt hatte, lag es nahe, den Auferstandenen mit ihm gleichzusetzen. Als Mensch war es seine Absicht gewesen, sein Volk vor der Verdammung im letzten Gericht zu bewahren, indem er sie durch die Art seines Seins zu einem grundsätzlichen Umdenken oder zur Buße führte. In einem letzten Schritt hatte er sein Leben der Vergebung der Sünde seiner Jünger geweiht. Darin hatte sich mit seinem Tode und seiner Auferstehung grundsätzlich nichts gewandelt, nur daß er jetzt seine himmlische Herrschaft auf der Erde durch die Kette seiner Jünger und Apostel bis zum Ende der Welt ausübt. Denn ihnen war und ist es aufgetragen, seinen Ruf zur Umkehr zu Gott aufzunehmen, und denen, die ihn befolgen, ihre Sünden zu vergeben. Dadurch agiert er als der Herr und der Retter der Seinen weiterhin in der Geschichte. In dem Maße, in dem die Botschaft von seinem Tod und seiner Auferstehung über die Grenzen des Judentums hinaus an Boden gewann, wurde deutlich, daß er nicht nur für seine Jünger, sondern im Sinne von Jes 53,11 für die »Vielen« gestorben war, die dank des Glaubens an seine Sendung ihren Frieden mit Gott und so zugleich mit ihrem eigenen Schicksal machen. Denn darin verwirklicht sich je und je das Reich Gottes auf Erden: Es wird nur dort Gegenwart, wo man auf sein Kommen wartet. Es ist zu keiner Zeit im Leben und im Sterben ein Besitz, sowenig Gott zum Besitz der Menschen werden kann. Nur wer auf sich selbst verzichtet und sein Leben immer neu in Gottes Hand legt, erliegt nicht der Traurigkeit des Todes, der Traurigkeit einer vergänglichen Welt, sondern wird in dem Frieden, mit dem Gott diese Selbstübergabe beantwortet, dessen gewiß, daß Gottes Welt seine ewige Heimat ist.

Die nach dem Markusevangelium als Geheimnis den irdischen Jesus begleitenden und nun durch die Osterereignisse bestätigten Würden- und Ehrentitel bleiben eine religionsgeschichtliche Kuriosität, wenn wir sie als solche stehenlassen und nicht nach ihrer Bedeutung für das konkrete Leben des Christen befragen. Symbolische Aussagen besitzen den Charakter der Auslegung der Existenz des Menschen in der Welt angesichts ihres göttlichen Grundes. Daher werden sie angemessen gedeutet, wenn wir sie auf diese Bedeutung für die menschliche Existenz hin auslegen. Dabei erweist es sich, daß die Bedeutung des in die göttliche Welt entrückten Jesus für seine Gemeinde keine andere als die des irdischen Jesus ist. Unsere folgende Übersicht entfaltet noch einmal das knapp Gesagte und legt den Nachdruck auf die Entwicklung der Christologie, der Lehre vom Wesen und Wirken Jesu Christi im apostolischen oder neutestamentlichen Zeitalter, ohne ihren Abschluß in den ökumenischen Konzilien des 4. und 5. Jahrhunderts n. Chr. ganz zu übergehen.

2.3 Die Hoheitstitel als Sicherung der Botschaft
   von der Identität des irdischen
   mit dem auferstandenen Jesus von Nazareth

Sehen wir uns vor diesem Hintergrund die Ehrentitel an, mit denen die Christen der ersten bis dritten Generation die Bedeutung des irdischen und des himmlischen Christus für das Heil der Menschen zu sichern suchten, verlieren sie ihr Befremdliches. Sie erweisen sich keinesfalls als beliebig, sondern sichern die verschiedenen Aspekte der Bedeutung des einen Menschen Jesus von Nazareth als des erhöhten Christus vor Banalisierungen, die notwendig zur Auflösung der Botschaft der Kirche führen würden: Die Rede von ihm als dem Herrn entzieht die von ihm in der Bergpredigt vorgetragenen Grundsätze christlichen Lebens der Beliebigkeit und begründet die Vollmacht seiner Botschafter zur Sündenvergebung. Die Rede von ihm als dem Erlöser, Retter oder Heiland bewahrt das Angebot, sich durch die Predigt von ihm erlösen, und das heißt: mit Gott und damit seinem eigensten Schicksal versöhnen zu lassen. Die Taufe ist die Antwort der Entscheidung zur Nachfolge, die Teilnahme am Abendmahl das Bekenntnis, ein Glied der Gemeinschaft der Sünder zu sein, die von Gottes Gnade leben. Die Kette derer, die des Amtes walten, indem sie Jesu Tod und Auferstehung verkündigen, die Symbolhandlungen des Glaubens vollziehen und Sünden zusprechen oder vergeben, steht in der Nachfolge der Apostel und garantiert so den Zusammenhang mit den ersten Jüngern und die Reinheit der Lehre. Christus ist der Herr der Kirche, der Richter und Erlöser, wo dieses Erbe getreu verwaltet und sein einstiges Wirken dadurch neu zur Gegenwart wird.

2.4 Der irdische und der auferstandene Jesus
als der zum Weltgericht kommende Menschensohn

Da der irdische Jesus das Verhalten des erwarteten Menschensohns gegenüber den Menschen nach Lk 12,8-9 von dem Verhalten zu seiner Verkündigung abhängig gemacht hatte, ist es nachvollziehbar, daß die frühe judenchristliche Gemeinde die durch seine Entrückung in die andere Welt gestellte Frage nach seinem Geheimnis damit beantwortete, daß sie ihn selbst mit dem kommenden Menschensohn gleichsetzte. Dabei vereinfacht sich das Entscheidungsverhältnis, weil Jesus als Menschensohn nun derselbe ist, dessen rettendes und verurteilendes Gericht sich auch weiterhin im Hören auf seine von Gott legitimierte Botschaft vollzieht. So wird Jesus in Joh 5,24-29 gegen Ende des 1. Jahrhunderts n. Chr. in einer eigentümlichen Zusammenschau seines irdischen und seines himmlischen Wirkens gedeutet. Dabei erklärt V.25 die Verleihung des ewigen Lebens als Teilgabe an dem Leben des Erhöhten. Allerdings ist das in der Annahme oder Abweisung des in Jesu Namen ergehenden Aufrufs zur Umkehr nicht das letzte Gericht. Denn einerseits bleibt der Glaube angefochtener Glaube, der täglich neu erbeten werden will. Und andererseits gibt es satanische Scheußlichkeiten, die nicht ungesühnt bleiben werden (Joh 5,24-29):

24 »Wahrlich, wahrlich, ich sage euch: Wer mein Wort hört und glaubt dem, der mich gesandt hat, hat das ewige Leben und kommt nicht ins Gericht, sondern ist aus dem Tode zum Leben gelangt. 25 Wahrlich, wahrlich, ich sage euch: Es kommt die Stunde und ist schon da, in der die Toten die Stimme des Menschensohns hören und die sie hören leben. 26 Denn gleich wie der Vater das Leben durch sich selbst besitzt, so hat er es auch dem Sohn gegeben, das Leben durch sich selbst zu haben. 27 Und er hat ihm die Gewalt zu richten gegeben, weil er der Menschensohn ist.

28 Verwundert euch nicht darüber, denn die Stunde kommt, in der alle, die in den Gräbern sind, seine Stimme hören 29 und die, die Gutes getan haben, zur Auferstehung des Lebens herauskommen, die aber das Böse getan haben, zur Auferstehung für das Gericht.«

2.5 Der irdische und der auferstandene Jesus
als der Kyrios oder Herr

Die besondere Stellung des irdischen Jesus haben die Evangelien gelegentlich durch die Anrede als »Herr« im Sinne eines Würdetitels unterstrichen (vgl. z.B. Mk 5,19; Lk 5,8), während er aber häufig dort auch als Ausdruck der Höflichkeit begegnet (vgl. z.B. Mk 7,28; Mt 15,22 als Hoheitstitel umstilisiert). Damit trat er in eigentümlicher Weise neben Gott als den Herrn des Himmels und der Erde, wie er in einem Jesus in Lk 10,21-22 (vgl. Mt 11,25) nach der erfolgreichen Rückkehr der siebzig Jünger in den Mund gelegten Dankgebet angerufen wird: In ihm werden Gott der Vater und Gott der Sohn ins Verhältnis gesetzt und der Sohn als der Mittler bestimmt (Lk 10,21-22; Mt 11,25-27):

21 Ich preise dich, Vater, Herr des Himmels und der Erde,
daß du dies vor den Weisen und Klugen verborgen
und es den Unmündigen enthüllt hast.
Ja, Vater, so hat es dir gefallen.
22 Alles ist mir übergeben von meinem Vater,
und keiner erkennt, wer der Sohn ist, außer dem Vater,
und wer der Vater ist, außer dem Sohn
und wem es der Sohn enthüllen will.

Dieser Hymnus greift bereits auf eine entwickelte Lehre von Jesus als dem Sohn des Vaters zurück und reflektiert das Wunder, daß man sich den Glauben nicht selbst geben kann, sondern daß er (um seinen paradoxen Charakter zu beschreiben) eine »geschenkte Entscheidung« ist. In dem *»alles ist mir übergeben«* meldet sich bereits eine kosmische Ausweitung der Lehre von Christi Wesen an, auf die wir abschließend zu sprechen kommen. Diese Ausweitung war in der zweiten Hälfte des 1. Jahrhunderts n. Chr. nötig, um die einfacheren aramäischen Formeln, die von Jesus als dem kommenden und dem gekommenen Herrn sprechen, in das zeitgenössische Denken einzuordnen. Die aramäische Bitte um seine Wiederkunft hieß: *»māranā tā«* *(Unser Herr, komm!)* (1 Kor 16,22 Haupttext). Sie kehrt in dem vorletzten Vers der Offenbarung des Johannes in griechischer Fassung wieder (Offb 22,20). Ihr antwortet ihr Verfasser auf die Ankündigung des erhöhten Herrn: *»Es sagt der dies bezeugt: ,Ja, ich komme bald!'«* mit der geläufigen Bitte der Gemeinde: *»Amen, komm, Herr Jesus!«* Entsprechend schloß auch das Dankgebet vor der Mahlfeier in der Didache (Did 10,6):

Es komme die Gnade und vergehe diese Welt!
Hosanna dem Gott Davids!
Wenn einer heilig ist, komme er.
Wenn er (es) nicht ist, tue er Buße.
Maranatha. Amen.

Als der Menschensohn war er nun zugleich der gekommene und der kommende Herr, und entsprechend der gegen ihn erhobenen Anklage, sich als König der Juden aufzuspielen, der König oder der Gesalbte des Herrn (PsSal 17,32; 18,7) und damit zugleich der Sohn Gottes (Ps 2,7), d. h. der zur Erlösung von der Macht der Sünde in die Welt Gesandte, der sein Blut für eine offene Zahl von »Vielen« vergossen hatte (Mk 14,24).

2.6 Der irdische und der auferstandene Jesus als der Gesalbte Gottes oder Christus

Den Siegeslauf unter allen Hoheitstiteln sollte der des Gesalbten in seiner griechischen Form *Christos* antreten: Der Gesalbte war der von Gott in seinen Dienst gestellte und zu seinem Eigentum erklärte Mensch. Daher wurden in Israel die Könige und die Priester gesalbt (1 Sam 10,1; 16,1-13; 1 Kön 1,38-39 bzw. Lev 8,12.30). Wegen seines messianischen Auftretens war Jesus hingerichtet worden. Seine Auferstehung rechtfertigte es, daß ihn die judenchristlichen Urgemeinden als den *»Herrn Jesus, den Gesalbten«* bekannten. In den hellenistischen Gemeinden wurde daraus der *»Herr Jesus Christus«* (vgl. z. B. 1 Thes 1,3.7; Gal 6,14; 1 Kor 1,7; Röm 5,1) oder schlicht der *»Herr Jesus«* (1 Kor 11,23). Im griechischen Sprachraum wurde der Titel Christus alsbald als Eigenname verstanden, und so kam es, daß man die Anhänger Jesu in der nordsyrischen Metropole Antiochien als die *»Christianoi«*, die Christen, bezeichnete (Apg 11,26), ein Name, den sie bis heute tragen.

Fragte man zurück, warum ihn Gott erhöht hatte, so konnte die Antwort nicht anders lauten als daß es die Folge davon war, daß er Gott bis zu seinem Tode am Kreuz gehorsam gewesen war (Phil 2,8). Fragte man weiter nach der Frucht seines Todes für seine Jünger und alle, die an ihn glauben, so lautete die Antwort wiederum konsequent in Anknüpfung an die Abendmahlsworte: Sie besteht in der Vergebung der Sünde. Sie wurde denen zuteil, die sich auf Jesu Namen taufen ließen, denn die christliche Taufe sollte wie die des Täufers die Vergebung der Sünde bewirken (Mk 1,4) und dadurch die Verleihung des heiligen Geistes zur Folge haben. So heißt es in der Petrus in den Mund gelegten Pfingstpredigt (Apg 2,38): *»Denket um, und ein jeder von euch lasse sich taufen auf den Namen Jesu Christi zur Vergebung eurer Sünden, dann werdet ihr die Gabe des heiligen Geistes empfangen.«*

Das »*Denket um*« gibt hebräisches »*Kehrt um*« wieder, was man dann in der theologischen Fachsprache mit »*Tut Buße!*« übersetzt. Buße tun heißt also, das Denken statt durch den eigenen Egoismus durch das Doppelgebot der Liebe zu Gott und zum Nächsten neu zu bestimmen. Das wird dadurch ermöglicht, daß man sein Herz nicht an eine vergehende Welt hängt, sondern sein endliches Los gelassen in der Gewißheit annimmt, daß es von Gott getragen wird und in seiner Welt endet. Neben die Taufe aber trat das Herrenmahl, das nun dem, der von dem gesegneten Brot aß und aus dem gesegneten Kelch trank, Teil an der Sündenvergebung gab, der Jesus sein Leben geweiht hatte. Das Brot ist nun, wie es in Lk 22,19-20 heißt, der für die Gemeinde hingegebene Leib und der Wein das für sie vergossene Blut. Und so heißt es in Eph 1,7: »*In ihm haben wir Erlösung durch sein Blut, die Vergebung der Übertretungen, nach dem Reichtum seiner Gnade.*« Oder um es knapp zusammenzufassen: Der Christ führt sein Leben zwischen dem gekommenen und dem kommenden Herrn. Der gekommene hat für ihn Gnade bewirkt, der kommende wird die Welt richten und retten, wobei wir Menschen seiner Gnade nicht vorgreifen dürfen, indem wir von uns aus bestimmen, wen er rettet und wen er richtet. Denn (Mt 7,21): »*Es werden nicht alle, die zu mir sagen: ›Herr, Herr!‹ in das Himmelreich kommen, sondern die den Willen meines Vaters im Himmel tun.*«

Das ist zugleich ein tröstliches Wort, denn es öffnet den Himmel auch für Menschen anderer Konfessionen, Religionen und Weltanschauungen, die von Herzen demütig sind und den Frieden ihres Lebens in einem Grundvertrauen gefunden haben.

2.7 Der irdische und der auferstandene Jesus
als der Retter oder Heiland

Als der Erlöser von der Macht der Sünde wurde der Erhöhte in der hellenistisch-christlichen Kultsprache zum »Retter«, verdeutscht: zum Heiland (2 Tim 1,10). So wie der römische Kaiser in der östlichen Welt als Gott und Retter verehrt wurde, beugten sich nun am Übergang vom 1. zum 2. Jahrhundert n. Chr. die Christen vor dem *»Herrn und Retter Jesus Christus«* (2 Petr 2,20) oder dem *»Gott und Retter Jesus Christus«* (2 Petr 1,1).

2.8 Das Geheimnis des göttlichen Ursprungs Jesu
und das Mythologem der jungfräulichen Empfängnis

In den apostolischen und nachapostolischen Gemeinden zweifelte man nicht daran, daß Gott Jesus wegen seines Gehorsams bis zum Tod am Kreuz in seine Welt entrückt hatte. Aber war damit der Unterschied zwischen seiner Art, sein ganzes Leben auf sein Gottvertrauen zu gründen, und unserer kleingläubigen Art erklärt? Legt dieser Unterschied nicht nahe, auch Jesu Ursprung bei Gott zu suchen? (vgl. S. 137)

Einen ersten Ansatz zu einer entsprechenden Deutung liegt in der mythischen Vorstellung von seiner Zeugung durch den heiligen Geist, von seiner »Jungfrauengeburt« in Lk 1,28-35 und Mt 1,18-25 vor: Der Erlöser der Welt entsprang nicht menschlicher Lust, sondern göttlicher Sendung.

Dieses Mythologem, dieser mythische Zug, hat später dazu beigetragen, daß sich das Christentum im Laufe des 2. Jahrhunderts n. Chr. der Leibesverachtung öffnete, in welche die antike Leibesseligkeit langsam aber sicher seit dem letzten Drittel des 1. Jahrhunderts n. Chr. umgeschlagen war und die als solche eine kulturelle Überfremdung der realistischen Sinnlichkeit des Judentums bedeutete. Denn die Auskunft des ehemaligen Pharisäers Paulus, daß es angesichts der Naherwartung des Endes besser sei, ledig zu bleiben, war als solche nicht leibfeindlich (1 Kor 7,25-40). Dies zeigt sich darin, daß er es für besser hielt, zu heiraten, als Brunst zu leiden (1 Kor 7,9). Der Nachdruck dieser Lebensanweisung lag auf dem »*als ob nicht*« als der Bereitschaft, sich nicht an das Gewesene oder Gegenwärtige als das Unvermeidlich und Unerbittliche in die Vergangenheit Absinkende zu klammern, sondern immer neu auf Gottes Gegenwart und Zukunft zu hoffen und dadurch der »Traurigkeit des Todes« zu entrinnen, die Jugend und Alter bedroht (2 Kor 7,10; vgl. 4,17-18). Erst in dieser inneren Distanz öffnet sich der Raum für eine Liebe zwischen Mann und Frau und den Kindern, für Kameradschaft und Freundschaft, die sich an dem anderen erfreuen, ihm wohl wollen, aber nicht als Besitz um seine Freiheit bringen.

Andererseits sollte man in einer auf ihre Toleranz so stolzen Gesellschaft denen nicht die Achtung verweigern, die um des Dienstes am Menschen in der Nachfolge Jesu willen ledig bleiben. Man kann diesen Dienst auch ganz in der Stille als Beter tun, wie es Mönche und Nonnen über Jahrhunderte gehalten haben.

2.9 Das Geheimnis des göttlichen Ursprungs Jesu oder seine Präexistenz

Eine andere Antwort auf die Frage nach dem Grund für Jesu Anderssein gab das von Paulus in Phil 2,5-11 zitierte judenchristliche Bekenntnis. Es erklärt die Hoheit und Sendung Jesu damit, daß er aus der Welt Gottes freiwillig in unsere Welt gekommen ist, um dort sein Leben am Kreuz zu lassen. Dieser Gedanke von Jesu Präexistenz, seines vorirdischen himmlischen Lebens als des Sohnes des göttlichen Vaters, setzte sich in den Wirbeln der im zweiten Jahrhundert aufsprossenden Spekulationen über Jesu Natur und Wesen durch und ging in das auf den Synoden zu

Konstantinopel 381 und 451 zu Chalcedon erneuerte Bekenntnis von Nicea 325 ein, das neben den Vater den Sohn Jesus Christus als wahren Menschen und wahren Gott von Ewigkeit zu Ewigkeit und den heiligen Geist stellte und damit den Glauben an den dreieinigen Gott verpflichtend machte. Es diente der Beendigung der wuchernden und zum Teil spitzfindigen Spekulationen über die Naturen Jesu, welche die Kirche zu sprengen drohten. Wir können hier nicht auf die philosophischen Einflüsse und theologischen Argumente eingehen, die auf die Trinitätslehre eingewirkt haben, sondern halten lediglich fest, daß ein realistisches Verständnis dieses theologischen Mythos fehlgeht, weil die Vernunft dagegen revoltiert, daß drei unterschiedene Personen zugleich eine einzige sein sollen. Fragt man dagegen nach der praktischen Bedeutung, verliert diese Konstruktion ihre Befremdlichkeit. Denn sie besagt, daß wer Jesus zu seinen Lebzeiten begegnet ist, durch ihn vor Gott gestellt wurde, und dem, der die Predigt von ihm vernimmt und an ihn glaubt, nichts mangelt, weil er im Namen Jesu vor Gott gestellt wird. Gott ist die Macht und der Mächtige, der uns als Grund unseres Daseins letztlich angeht. Wird Jesus in den urchristlichen und kirchlichen Bekenntnissen als Gott bezeichnet, so wird damit zum Ausdruck gebracht, daß seine Botschaft und die Botschaft von ihm unser Grundverhältnis zu Gott betrifft, weil sie nichts anderes bewirken will, als daß wir uns mit Gott versöhnen (2 Kor 5,20). Sich mit Gott zu versöhnen bedeutet, sich ihm in seiner Endlichkeit bedingungslos anzuvertrauen und dadurch gelassen und frei in dieser vergänglichen Welt zu stehen. Darum ist Jesus Christus in der Sprache der Kirche der Mittler zwischen Gott und uns Menschen. In Analogie zur sichtbaren Welt gebildete Würdetitel besitzen ihr Recht, denn sie springen dann ein, wenn das an die Kategorien der sich zeigenden Welt gebundene Denken versagt: Sie sagen auf symbolische Weise das Unsagbare und weisen damit in den dem Denken verschlossenen Bereich des göttlichen Ursprungs unseres Daseins und Soseins, in den Jesus durch das Osterlicht gerückt ist: Sie sind kein Ausdruck der Spekulation, sondern der Anbetung, die sich vor dem unergründlichen Geheimnis Gottes und seines Handelns an den Menschen durch die Botschaft von Jesus von Nazareth als dem aus der Welt seines Vaters gekommenen Mittler beugt.

Vor diesem Hintergrund verliert der von Paulus zitierte urchristliche Hymnus sein Befremdliches. Denn es geht dem Apostel, wie seine Einleitung zeigt, darum, die Christen zur Demut, und das heißt: zum Verzicht auf ihre Anmaßung, Herrschsucht und ihren Kleinmut, zu bewegen, in denen ihre Sünde besteht. Denn Sünde ist eben der Wahn, wir könnten unser Dasein, dessen Grundlosigkeit die Angst erweist, auf uns selbst gründen. Wenn der Apostel die von ihm begründete Gemeinde in Philippi dazu auffordert, wie Christus gesinnt zu sein, ruft er sie dazu auf, das demütige Gottvertrauen Jesu zum Vorbild für das eigene Leben und für das Verhalten zum anderen als dem Nächsten zu nehmen. Denn darin erschließt sich das Geheimnis seiner Nachfolge (Phil 2,5-11):

5 Trachtet bei euch nach dem, nach dem [man] *in Christus Jesus* [(oder: als Christ) trachten soll]*, 6 der, als er in Gottes Gestalt war,*

>*es nicht als eine Beute betrachtete,*
>*daß er Gott gleich war,*
>*7 sondern sich selbst entleerte,*
>*Knechtsgestalt annahm*
>*den Menschen gleich ward*
>*und der Gestalt nach als Mensch erfunden.*
>*8 Er erniedrigte sich selbst,*
>*ward gehorsam bis zum Tod,*
>*zum Tode am Kreuz.*

9 Deshalb hat ihn Gott erhöht
und ihm einen Namen verliehen,
der jeden Namen überragt,
10 damit sich in dem Namen Jesu
aller Knie beugen
der Himmlischen und Irdischen und Unterirdischen,
11 und jede Zunge bekenne:
»Herr ist Jesus Christus
zur Ehre Gottes des Vaters.«

Der Sohn ist der Gekreuzigte, der die Menschen als Sünder überführt und sie dadurch mit Gott und ihrem Schicksal versöhnt, auch wenn ihm die Mächte dieser Welt und die ihm als Zufälle erscheinenden Schickungen Angst bereiten (Joh 16,33). Weil es nichts Wichtigeres für einen sterblichen Menschen zu gewinnen gibt, als sich mit Gott und damit dem eigenen Schicksal versöhnen zu lassen, gebührt ihm als dem Mittler die größte Ehre auf Erden und in der ewigen Welt des Geistes. Vielleicht ist es im Blick auf die Gebrechen der irdischen Gerechtigkeit und die Gnadenlosigkeit der Gewalt wie die Rätselhaftigkeit des eigenen Schicksals ein Trost, sich daran zu erinnern, daß über uns weder andere Menschen noch wir selbst das letzte Wort sprechen, sondern Gott (1 Joh 3,18-20):

18 Kinder, laßt uns nicht mit Worten noch mit der Zunge lieben, sondern in Tat und Wahrheit. 19 Dadurch werden wir erkennen, daß wir aus der Wahrheit sind, und werden vor ihm unsere Herzen beruhigen. 20 Denn wenn uns das Herz verklagt, so ist Gott größer als unser Herz und erkennt alles.

Und noch ein mutiger weiterer Schritt über die Grenzen dieser Welt in das Reich des Geistes sei gewagt: Der Sohn bleibt der Mittler, bis auch er sein Amt erfüllt und mit uns vereint Gott untertan sein wird, auf daß Gott alles in allem sei (1 Kor 15,28). Ohne die mythische Vorstellung bleibt der Glaube stumm, darum braucht er sich seiner bildlichen Sprache nicht zu schämen, wenn er von Jesus Christus als seinem Herrn spricht.

2.10 Der aus dem Himmel gekommene und
*   in den Himmel zurückgekehrte Jesus von Nazareth*
*   als das Geheimnis der Welt*

War Jesus Christus als Mittler zwischen Gott und Mensch zum Prinzip der Weisheit als Anweisung zum richtigen Leben geworden, so konnte man ihn in Anknüpfung an die poetische Personifizierung der Weisheit als das in der ganzen Schöpfung waltende Ordnungsprinzip oder als Schöpfungsmittler proklamieren. In Spr 8,22-31 heißt es, daß der Herr die Weisheit als Anfang seines Wirkens vor Beginn aller Zeiten geschaffen und sie bei ihm, dem Werkmeister, zu jeder Zeit gespielt und ihre besondere Freude an den Menschen besessen habe. In dem von Paulus im Brief an die Philipper zitierten Hymnus heißt es, daß Gott selbst Jesus Christus als seinem Sohn einen Namen über alle Namen und damit eine Würde und Macht verliehen hatte, die den Namen aller Großen und Mächte in der sichtbaren und unsichtbaren Welt übertrifft (Phil 2,10). Von da aus war es nur noch ein Schritt, ihn zum Schöpfungsmittler zu proklamieren, wie es im Prolog des Johannesevangeliums der Fall ist (Joh 1,1-18):

1 Im Anfang war das Wort
und das Wort war bei Gott,
und Gott war das Wort.
2 Dieses war im Anfang bei Gott.
3 Alles ist durch es entstanden
und ohne ihn nicht eins geworden.
4 In ihm war das Leben,
und das Leben war das Licht der Menschen.

5 Und das Licht scheint in der Finsternis,
aber die Finsternis hat es nicht überwältigt.
[...]
9 Er war das wahre Licht,
das jeden Menschen erleuchtet,
gekommen in die Welt.
10 Er war in der Welt,
und die Welt ist durch ihn geworden,
doch die Welt hat ihn nicht erkannt.

11 Er ist in das Seine gekommen,
aber die Seinen nahmen ihn nicht an.
12 So viele ihn annahmen,
denen gab er die Vollmacht,
Gottes Kinder zu werden,
denen, die an seinen Namen glauben,
13 die nicht aus dem Geblüt
und nicht aus Fleisches Willen,
sondern aus Gott geboren sind.

14 Und das Wort ward Fleisch
und nahm unter uns Wohnung,
und wir sahen seine Herrlichkeit,
eine Herrlichkeit als des Einzigen vom Vater her,
voller Gnade und Wahrheit.
16 Denn aus seiner Fülle
nahmen wir Gnade um Gnade.
17 Denn das Gesetz ward durch Mose gegeben,
die Gnade und die Wahrheit geschah durch Jesus Christus..

18 Gott hat keiner jemals gesehen –
der eine Sohn, Gott,
der an der Brust des Vaters west,
er hat es gekündet.

Der Hymnus deutet die Sendung Christi vor dem Hintergrund des Glaubens an den polaren Gegensatz zwischen den Mächten des Lichtes und der Finsternis, welcher die ganze Welt durchwaltet. In ihr erscheint in Jesus Christus die Weltvernunft als die Einheit der theoretischen und der praktischen Vernunft, die Einheit der Weltordnung, der Welterkenntnis und der Sittlichkeit. Während unsere Sittlichkeit den Antrieben der Sinnlichkeit unterliegt, so daß wir die Welterkenntnis vornehmlich in den Dienst des Egoismus und der Macht statt in den der dienenden Liebe stellen, hat Jesus beides in sich versöhnt. Daher kann er diese Versöhnung auch bei denen bewirken, die sich ihre Lebensangst durch ihn nehmen lassen und auf Gott vertrauen; denn auch bei ihnen findet dann die Versöhnung zwischen der Welterkenntnis und der Sittlichkeit, des Wissens und der Liebe statt. Damit fügt sich der Christ in Gottes Weltordnung ein. Als der auf Erden erschienene Mensch Jesus von Nazareth gibt er denen, die an ihn glauben, Teil an der Wahrheit, daß Gott der Vater ist. Gott kann in diesem Leben niemand sehen, sondern nur an ihn glauben. Das sind Gedanken, welche die Botschaft des Apostels Paulus voraussetzen, daß die Rechtfertigung des Sünders allein aus dem Glauben an Christus kommt und allem rechtschaffenen Handeln vorausgehen muß (Gal 2,16; Phil 3,8-14; Röm 5,1). Sie sind jedoch im Johannesprolog in die Sprache der sich gegen Ende des 1 Jahrhunderts n. Chr. verbreitenden Spekulationen über den Kampf der Mächte des Lichtes mit denen der Finsternis übersetzt, von denen das Judentum nach einigen in den Höhlen von Qumran gefundenen Texten schon im 2. Jahrhundert v. Chr. berührt worden war. In der Weltmüdigkeit der späten Antike suchte man nach Wegen, wie die in der Welt eingeschlossene Seele aus ihrem Gefängnis befreit und in die Lichtwelt heimkehren könnte. Im Johannesprolog liegt eine Absage an solche Geheimlehren vor; denn die Angst in einer den

Menschen zu eng geworden Welt wird durch die den Menschen mit sich selbst und seiner Welt versöhnende Botschaft überwunden. Nach ihr hat der irdische Jesus mit der Hingabe seines Lebens den Frieden zwischen Gott und den Menschen gestiftet. Jetzt aber gibt der erhöhte und jenseits aller Zeit ewige Sohn des Vaters allen, die an ihn glauben, die souveräne Freiheit, nach seinem Vorbild zu handeln. Dadurch ist das Gesetz vom Sinai durch das Gebot der Liebe der Jünger zueinander ersetzt (Joh 13,34-35):

34 »Ein neues Gebot gebe ich euch, daß ihr einander liebt, wie ich euch geliebt habe, damit auch ihr einander liebt. 35 Daran sollen alle erkennen, daß ihr meine Jünger seid, wenn ihr Liebe zueinander habt.«

Oder um es mit dem Apostel Paulus zu sagen und damit die geheime Identität der Botschaft des Johannes mit der seinen zu unterstreichen: Es bedarf nicht länger des Gehorsams gegen die über 600 Einzelgebote der Tora, sondern allein der Liebe, die nicht das Ihre, sondern das des Nächsten will (Röm 13,10): *»Erfüllung des Gesetzes ist die Liebe.«*

Der Aufblick zu dem Sohn, der zu seinem himmlischen Vater zurückgekehrt ist, birgt in sich die Verheißung der ewigen Geborgenheit in dem Vater. Darum läßt Johannes den Herrn sich von seinen Jüngern mit einem Wort verabschieden, das alle begleiten will, denen diese Welt zu eng geworden ist (Joh 16,33): *»In der Welt habt ihr Angst, aber seid getrost, ich habe die Welt überwunden.«*

VII Von der Macht der Sünde und der Gnade

1. DER VERLUST DES WISSENS UM DIE SÜNDE IN DER NEUZEIT

Wir sind das Zeugnis der Evangelien abschritten, um zu belegen, daß Weihnachten mehr ist als ein Familienfest oder eine Erinnerung an die eigene Kindheit, als wir das Fest im Kreise der Großeltern, Eltern und Geschwister feierten und darin geborgen waren. Die Geschichte von der Geburt Jesu, so haben wir uns eingangs klargemacht, feiert das Kommen des Erlösers von der Sünde. Damit aber stehen wir vor einem Problem: Kaum ein Wort ist dem heutigen Menschen so unverständlich wie das der Sünde; denn nachdem die christliche Lehre von der Sünde und der Vergebung im Laufe des 17. bis 18. Jahrhunderts durch die Moral verdrängt worden ist, wird die Sünde moralistisch mißverstanden. Gleichzeitig hat sich in der westlichen Welt schrittweise eine auf die Beherrschung der Wirklichkeit zielende Neuorientierung des ganzen Lebens durchgesetzt. In ihr ist der sich als Herr der Welt verstehende Mensch zugleich ihr Gefangener geworden. Je länger die Moral das Feld behauptet und sich, in ihrer Bedeutung kaum bemerkt, auch in die staatliche Gesetzgebung einschleicht, desto mehr wird der Mensch der moralisierenden öffentlichen Meinung und einer selbst von Fachleuten kaum noch durchschauten Gesetzesflut ausgeliefert, die im Namen einer als Gleichheit verstandenen Gerechtigkeit alles Leben wie ein Spinnennetz einschließt und im Namen der Freiheit die Freiheit vernichtet. Solange man noch um den Unterschied zwischen irdischer und göttlicher Gerechtigkeit weiß und damit der fehlbaren staatlichen die ihr überlegene und zugleich ihren

Maßstab bildende göttliche Gerechtigkeit gegenüberstellte, ist der Mensch innerlich frei, weil er sich einem höheren Befehl verantwortlich und in einer anderen Welt geborgen weiß.

2. VOM DASEIN ZUM TODE, DER ANGST UND DER SÜNDE ALS IHRE FOLGE

Es ist also angebracht, über das Verhältnis zwischen *der* Sünde und *den* Sünden nachzudenken. Dazu müssen wir etwas weiter ausholen und den Menschen zunächst in die Welt der Lebewesen überhaupt einordnen: Alle Lebewesen besitzen eine innere Zielbestimmung, die sich in ihrer äußeren Gestalt und ihrer inneren Organisation vollendet. Die belebte Welt unterscheidet sich dadurch von den Abläufen in der unbelebten Materie, die bestimmten Regeln unterliegen, die sich selbst nach chaotischen Zwischenphasen erneut durchsetzen. Will man die eigentümliche Natur des Menschen erfassen, muß man ihn mit den Pflanzen und Tieren vergleichen: Mit den Pflanzen haben Menschen (wie auch Tiere) die vegetativen unbewußten Prozesse des Wachstums und Stoffwechsels gemeinsam, mit den Tieren Sinneswahrnehmungen, Empfindungen und Bewegungen. Ein reflektierendes Bewußtsein von sich selbst und seiner Umwelt besitzt allein der Mensch. Er verdankt es seiner eigentümlichen exzentrischen Stellung um Jetzt und Hier: Denn während das Tier in seine Umwelt eingefügt ist, kann der Mensch dank dieser seiner Geistnatur entsprechenden Position das Jetzt und Hier des Augenblicks rückwärts und vorwärts überschreiten: Er kann seine Aufmerksamkeit nach innen richten, sich an Vergangenes erinnern und aufgrund seiner einstigen Erfahrungen und gewonnenen Einsichten in die geregelten Abläufe den Augenblick hoffend überschreiten und planvoll und zweckmäßig handeln. Die ihrem Wesen nach rätselhafte Zeit erfährt er stets als den im Umschlag vom Einst in das Dann begriffenen Augenblick des Jetzt, wobei die hinter ihm wachsende Vergangenheit beständig zu- und die vor ihm liegende Zukunft abnimmt. Er kennt ihre Länge nicht, aber er weiß, daß er ein endliches Wesen ist. Denn auf die Endlichkeit seines Daseins verweist ihn die Angst, die ihn beklemmend daran erinnert, daß seine Existenz die Möglichkeit, den Augenblick zu überschreiten und gezielt zu handeln, mit ihrer Ortlosigkeit bezahlt. Denn in der Angst offenbart sich seine Stellung im Jetzt und Hier als über dem Nichts gegründet. Sein Jetzt und Hier schwebt gleichsam über dem Abgrund des Nichts. Entsprechend ist seine Angst stets Todesangst, denn er weiß, daß von all den unabsehbaren Möglichkeiten, die sich ihm erschließen können, nur eine einzige gewiß ist. Die aber ist die absolute Unmöglichkeit seines Daseins und der vollkommene Verlust seiner Welt in seinem Tod. Er weiß mithin, daß er eines Tages die Welt, in der er sich in der Gemeinschaft mit anderen verwirklicht, verlassen und sterben muß.

Gleichzeitig zeigt ihm der Umblick in seiner Welt, daß er ein Teil des unabsehbaren Prozesses des Werdens und Vergehens ist, in dem das, was wird, das gewordene verdrängt, nur um eines Tages selbst von dem verdrängt zu werden, was seinen Platz einnimmt. Aber diese immanente Gerechtigkeit, die das Große und das Kleine wie den Großen und den Kleinen aus der Lichtung des Daseins verdrängt, enthält für den Menschen keinen Trost, weil Vergessenheit von allem und jedem auch sein Los sein wird. So versinkt der Menschen mit seiner Welt im Abgrund des Nichts.

3. DIE SÜNDE ALS FOLGE DER ABSOLUTSETZUNG DES ICHS

Der eigentümliche Zwang, der uns antreibt, uns um unseres Überlebens willen über die Anforderungen der Sittlichkeit hinwegzusetzen, wurzelt in der Angst und ist mit der Sünde identisch. Denn die Sünde ist die Macht, die uns zwingt, uns absolutzusetzen und notfalls über Leichen zu gehen, um uns selbst zu behaupten. Sie kann aber zugleich in das Gegenteil umschlagen und uns wünschen lassen, nicht mehr wir selbst zu sein. Oder anders ausgedrückt: Sünde ist das verzweifelte Man-selbst-sein-Wollen oder das verzweifelte Nicht-man-selbst-sein-Wollen. Der Sache nach entspricht der ersten Hälfte dieser Definition die Haltung des Menschen, welche die Griechen als Hybris oder Vermessenheit bezeichneten. Wer sich selbst überhebt, verliert das Vermögen, zwischen dem, was den Göttern gefällt und den Menschen heilsam ist, und dessen Gegenteil zu unterscheiden, so daß er sich selbst ins Unglück stürzt. Grundsätzlich strebt der Mensch bei allem, was er tut und läßt, nach dem, was für ihn gut und nützlich ist. Aber wenn er das Vertrauen verliert, daß Gott der tragende Grund seines Daseins und Herr seines Schicksals ist, treibt ihn die Angst zur Vermessenheit, so daß er sich über die anderen erhebt und im Ergebnis sich selbst schadet. Der Apostel Paulus hat diesen inneren Widerspruch auf die Formel gebracht, daß wir das Gute, das wir wollen, nicht tun, sondern das Böse, das wir nicht wollen. Aus diesem Elend aber habe Gott uns durch Jesus Christus erlöst (Röm 7,14-21). Die Erlösung besteht darin, daß wir uns mit Gott versöhnen lassen und unser Leben als ein Geschenk annehmen, wohl wissend, daß Gott unsere ewige Zukunft ist. Die Sünden in Gestalt sittlicher Fehlhandlungen sind die Folgen der Sünde, der Selbstüberhebung oder Hybris, dürfen aber nicht mit ihr verwechselt werden. Untersucht man die Greueltaten der Weltgeschichte, gleichgültig ob die »Großen« oder die »Kleinen« sie vollbracht haben, und blickt man in die Gegenwart, so sind alle Helden und Verbrecher von der Angst angetrieben, sie hätten keinen Raum in dieser Welt, ohne andere zu töten, sich zu unterwerfen und auszunutzen. Beobachtet man sich selbst, so erkennt man schnell, daß man sich immer wieder an anderen vergangen hat, weil man sie als Instrumente, als Mittel für eigene Zwecke, aber nicht zugleich als solche behandelt hat, die sich selbst ein Zweck sind. Der krankhafte Mißmut, die Frustration und der Neid, der Ärger, daß sich uns nicht alle Türen von selbst öffnen und wir nicht immer Vorfahrt haben – sie alle sind Folgen davon, daß wir uns absolutsetzen und als Mittelpunkt der Welt aufspielen, statt den verschwiegenen Anruf und Anblick des anderen wahrzunehmen, der unser Bruder oder unsere Schwester sein will. Wer auf diesem Auge blind ist, dem sei geraten, einmal in der Bergpredigt Jesu zu lesen, wie wir als Kinder des einen Gottes miteinander umgehen sollten. Vermutlich wird jedermann ohne Rücksicht auf seinen Stand und Beruf feststellen, daß er mit seinem Leben die Ohnmacht der Vernunft demonstriert, die eben zwei und nicht nur eine Seite besitzt. Die eine besteht in der Möglichkeit, die Regeln der in unserer Welt ablaufenden Prozesse zu erkennen und uns dienstbar zu machen. Die andere aber fordert von uns, daß wir als Vernunft besitzende Menschen vernünftig miteinander umgehen und also auch den anderen als einen, der sich selbst ein Zweck ist, ehren. Die christliche Forderung geht über die ethische hinaus, indem sie verlangt, daß wir anderen ihr Fehlverhalten gegen uns vergeben, weil auch wir uns gegen andere verfehlt haben. Oder anders ausgedrückt: Sie verlangt, daß wir barmherzig sind.

4. VON DER ÜBERWINDUNG DER ANGST
DURCH DAS GRUNDVERTRAUEN

Soll unser befristetes Leben nicht durch die Angst vor dem Tode überschattet und zerstört werden, so müssen wir unseren Tod als das uns bestimmte Schicksal gelassen annehmen. Das aber wird durch die Angst verhindert. So erfährt der Mensch den Widerspruch zwischen seinem Selbst-sein-Wollen und doch Nicht-selbst-sein-Können. Er muß sich selbst wollen und dieses Wollen in Handlungen umsetzen, er muß essen und trinken, arbeiten und ruhen, sich mit anderen des Lebens freuen, aber er weiß in seinem Grunde, daß er seinem Tode nicht entrinnt. Dieses Wissen mischt seinen schönsten Stunden einen Hauch der Schwermut, des Abschiedlichen bei, weil gerade das vollendet Schöne schmerzlich an das Fragmentarische, Unvollkommene und Unvollendbare des eigenen Lebens erinnert. Zum Glück gehört zum Menschen ein eigentümliches und rational nicht begründbares Vertrauen, daß ihm die rätselhafte Zeit immer neu das Jetzt und Hier gewährt. So glaubt oder vertraut jeder Mensch zeit seines Lebens darauf, daß der ihm entzogene Grund des Lebens, den er als seinen Abgrund erfährt, zugleich die Macht ist, die sein Leben trägt. Diese Macht nennt man als Geist begriffen Gott. Und so gibt es einen unbewußten Glauben an Gott, den der bewußte zu einer Klarheit und Freiheit bringt, indem er den eigenen Tod in dem Vertrauen annimmt, daß er auch in seinem Tode in Gott gegründet bleibt. Erst von dieser Erfahrung her wird ihm verständlich, daß die Wurzel seiner Sünde die Angst vor seinem Tode und mithin mangelndes Gottvertrauen ist.

Zu den unerkannten Gefährdungen der sittlichen und der christlichen Existenz gehört die Verkennung der Macht des Bösen. Denn es gibt eine Überwältigung durch schadenstiftende transsubjektive geistige Mächte. Sie kann sich in christlichen Völkern vor allem als krankhaftes Phänomen des Wahnes äußern, von eingebildeten oder realen Kräften oder Menschen bedroht und verfolgt zu sein. Als die dogmatischen Mauern, welche das Bewußtsein vom Unbewußten trennen, noch nicht so verfestigt waren, wie es heute im Bereich des durch die Aufklärung gegangenen Teiles des Menschheit in der Regel der Fall ist, fühlten sich die Menschen durch die aus der Tiefe ihrer Seele einbrechenden und ihm erscheinenden Mächte bedroht. Da die Austreibung von Dämonen und Heilung von Besessenen um die Zeitenwende auch im Judentum eine Rolle spielte, fehlt es auch in den Evangelien nicht an Berichten darüber, daß Jesus solche vollzogen hat. Daß man zwischen Besessenheiten und normalen Krankheiten zu unterscheiden wußte, belegen die Erzählungen von seinen Krankenheilungen, die an das Vertrauen der Leidenden in seine Vollmacht gebunden waren und für die Heilungen der Glaube an die Vollmacht Jesus das Entscheidende war (vgl. oben, S. 75-76).

Die Rede von Besessenheiten und Exorzismen, wie man die rituelle Vertreibung von Geistern nennt, gilt seit dem Zeitalter der Aufklärung als Zeichen des Aberglaubens. Das hängt auch damit zusammen, daß man sich den Teufel gemäß seinen Beschreibungen in Mönchsviten und gotischen Altarbildern als ein Mischwesen zwischen Mensch und Ziegenbock vorstellte und ihn daher mit Hörnern, Schwanz und Bocksfuß darstellte. Hinter dieser Gestalt stehen zweifellos die antiken Satyrn, die Begleiter des Gottes des Rausches und der Ekstase Dionysos. In um die Zeitenwende entstandenen jüdischen Schriften wurde der Satan dagegen als Lucifer, als »Lichtträger« und gefallener Engel vorgestellt, der die Menschen aus Neid auf ihre Gottähnlichkeit verblendet. Er tut das, indem er ihr Unterscheidungsvermögen zwischen gut und böse ausschaltet und so dazu verleitet, das Böse als das vermeintlich Gute zu tun. Das Teuflische erkennt man an seiner offensichtlichen Bosheit und wendet sich entrüstet von ihm ab. Das Satanische ist eine geistige Macht, welche erst einzelne Menschen und dann ganze Massen, Völker, Rassen oder Klassen durch das Versprechen verblendet, sie für immer zu beglücken, so daß sie sich nicht mehr daran stoßen, daß zur Erreichung der verheißenen Ziele Mittel verwendet werden, die allen sittlichen Forderungen Hohn sprechen. Man braucht sich nur in der Geschichte des Abendlandes bis in die jüngste Vergangenheit hinein umzusehen, um zu entdecken, wie sich die Macht des Bösen immer neu verkleidet und damit die Menschen verblendet, um des Guten willen das Böse zu tun, so daß sie Opfer und Täter in einem werden. Will man sichergehen, daß man es bei Glücksverheißungen nicht mit der Macht des Bösen zu tun bekommt, so lasse man im Geiste die Zehn Gebote an sich vorbeiziehen. Widerspricht das angepriesene Glücksrezept auch nur einem einzigen Gebot, so gilt es auf der Hut zu sein und den Mut aufzubringen, Gott und sich selbst treu zu bleiben und nicht mit der Masse zu laufen, auch wenn das zu Ausgrenzungen führt (Mt 5,10).

6. VON DER SCHULD NACH DEM GESETZ
   UND DER SÜNDE VOR GOTT

Nach dem Gesagten kann es keinen Zweifel daran geben, daß Sünde und Schuld zusammenhängen. Denn wenn die Sünde Versagen des Vertrauens gegen Gott als den tragenden Grund unseres Daseins ist, so ist sie zugleich eine

Schuld vor Gott. Auch wenn der einzelne verblendet dem Bösen als dem vermeintlich Guten gefolgt ist, ist er dadurch vor Gott schuldig geworden. Hier öffnet sich ein anderer Raum als der des staatlichen Rechts und seiner Übertretungen; denn hier geht es um die Schuld vor dem Grund des eigenen Daseins. Daher ist das Urteil, vor Gott schuldig oder unschuldig zu sein, von den Schuldsprüchen aller menschlichen Tribunale geschieden. Man kann von menschlichen Richtern schuldiggesprochen werden, weil man von staatlichen Ordnungshütern erlassene Gesetze übertreten hat, und doch in der Gesetzesübertretung dem sittlichen als dem höheren Gebot gefolgt und daher vor seinem Gewissen und vor Gott gerechtfertigt sein. Und man kann von einem irdischen Gericht frei gesprochen werden und doch von seinem Gewissen als schuldig verklagt werden. Der Glaube an Gott als den letzten Richter, besitzt eine entlastende Funktion für den einzelnen und damit für die Gesellschaft, wenn er mit dem an Gottes Vergebung verbunden ist. Denn die Schuld vor Gott kann nicht abbezahlt, sondern nur vergeben werden. In dieser Beziehung leisten die heute als Reste einer überlebten Zeit gering geschätzten Beichtväter mit ihrer Vollmacht zur Sündenvergebung der Gemeinschaft einen ständigen Dienst, indem sie sie geistig entgiften. Doch wer den Weg zu ihnen scheut, kann sicher sein, daß er, wenn er seine Schuld vor Gott übernimmt, erfährt, daß er damit von ihrer Last befreit ist. Das kann auch im stillen Kämmerlein im Gebet zu Gott geschehen, in dem uns kein Fremder beobachtet oder belauscht. Es kann aber auch in der höchsten Not an jedem Ort ein stiller Gebetsruf bewirken, weil Gott überall gegenwärtig ist und jedes echte Gebet den Frieden stiftet, der höher ist als alle Vernunft. Andererseits beendet den unendlichen Dialog mit uns selbst der vollmächtige Losspruch von der Sünde und Zuspruch der Vergebung im Namen Jesu Christi. Da wir alle vor Gott Sünder sind, können wir uns wechselseitig nicht der Sünde bezichtigen, sondern es nur im Namen Jesu tun, von dem die Schrift sagt, daß er ohne Sünde war (2 Kor 5,21; 1 Joh 3,5; Hb 4,5).

7. DAS GEHEIMNIS DER BOTSCHAFT
   VON CHRISTI STELLVERTRETENDEM LEIDEN

Die befremdliche Botschaft, daß der Mensch Jesus von Nazareth um unserer Sünden willen gestorben ist und uns dadurch mit Gott versöhnt hat, mochte schon den Zeitgenossen des Paulus als eine Torheit erscheinen (1 Kor 1,18). Aber damals gab es noch ein Selbst- und Weltverständnis, das inzwischen in die Tiefe der Seele abgesunken ist. Anders als heute stand damals nicht der einzelne sondern die Gemeinschaft in der Mitte des Denkens. Der einzelne war in erster Linie Glied seiner Sippe, seines Clans, seines Stammes und seines Volkes und erst in zweiter er selbst. Der noch längst nicht abgeschlossene und in seiner Einseitigkeit durchaus fragliche Umwandlungsprozeß, der den einzelnen als solchen zum höchsten Wert erhebt, bahnte sich nur langsam an. (Fraglich ist er insofern, als die Wahrheit des einzelnen das Allgemeine und die Wirklichkeit des Allgemeinen das einzelne ist. Daher ist ein ausgewogenes Verhältnis zwischen dem einzelnen und der Gemeinschaft das sachgemäße). Der Prozeß der Individualisierung setzte nach unserem Wissen in der westlichen Welt mit der griechischen Aufklärung des 5. Jahrhunderts v. Chr. ein. Im Laufe des 4. Jahrhunderts hat er auch auf die Levante übergegriffen. Im Judentum spiegelt er sich erstmals deutlich in dem um die Mitte des 3. Jahrhunderts v. Chr. entstandenen Buch des Predigers Salomo, des Kohelet, der die eigene Erfahrung zum Kriterium der Wahrheit der Weisheit der Väter erhoben hat. Das Fortschreiten dieses Prozesses läßt sich in der aus dem frühen 2. Jahrhundert v. Chr. stammenden Weisheit des Jesus Sirach ablesen, die sich zunächst an eine schmale Schicht von nach oben strebenden Jünglingen wandte und gleichzeitig auf Allgemeingültigkeit Anspruch erhob. In ihr wird in den biblischen Schriften erstmals der Freund neben den Bruder gestellt, worin sich eine Lockerung der Blutsbande spiegelt (vgl. Sir 6,14-15 mit 40,23-24). Doch selbst wenn der einzelne nach seiner Gerechtigkeit vor Gott und dem damit zu erwartenden Segen verlangte, tat er das immer noch zugleich um der Erlösung seines Volkes willen (vgl. S.27).

Die wichtigste Voraussetzung für das Verständnis der Botschaft, daß Jesus sein Blut zur Vergebung der Sünden von »Vielen« hingegeben hat, bildet die Vorstellung, daß das Leben an das Blut gebunden ist und Gott als dem Herrn des Lebens gehört (vgl. Lev 17,11.14). Daher wurden und werden die Tiere in jüdischer Tradition durch einen Kehlschnitt geschächtet, so daß sie vollständig ausbluten und jeder Blutgenuß vermieden wird. Weil die an das Blut und den Atem gebundene Lebenskraft von Gott kommt und zu ihm zurückkehrt (Ps 104,29-30), ist der Blutgenuß den Menschen verwehrt. Der Gedanke, daß das Blut des einen Lebewesens das der Gottheit verfallene Blut eines anderen Lebewesen stellvertretend zu sühnen vermag, bildete die Voraussetzung des Sühne schaffenden Opferkults des antiken Judentums. Er war aufgrund von Dtn 12 an den Tempel in Jerusalem gebunden und hörte daher mit dessen Zerstörung 70 n. Chr. notwendigerweise auf. Indem der Opfernde seine Hand auf die Stirn des Opfertieres legte, identifizierte er sich mit dem Tier, so daß dessen Blut an die Stelle seines eigenen treten konnte: Es wurde nach der Schlachtung rings um den Altar versprengt und damit Gott zurückgegeben (Lev 1,3-5). Am Großen Versöhnungstag, dem Jom Hakkippurîm, entsündigte der Hohepriester sich, sein Haus, den Tempel und ganz Israel mittels verschiedener Opfer. In der Schlußzeremonie legte er beide Hände auf den Kopf eines Bockes, bekannte über ihm die Sünden Israels und ließ ihn dann in die Wüste treiben, wo er Asasel anheim fiel, einem der gefallenen Engel, der den Menschen alles Schlechte beigebracht hatte und nun, in einem Loch in der Wüste eingesperrt, auf das Endgericht wartete (vgl. Lev 16,20-22 mit I Hen 8; 10,4-6).

Ohne die Voraussetzung, daß Blut für Blut und Leben für Leben eintreten und damit die Sünde und Schuld des anderen zu sühnen vermag, ist weder die symbolische Deutung des Opfergangs Jesu in den Abendmahlsworten (vgl. S.100) noch dieser selbst verständlich: Weil er seine Lebenskraft der Sühne der Sündenschuld all derer geweiht hatte, die ihm nachfolgten, hat er sich den nächtlichen Häschern nicht durch eine rechtzeitige Flucht aus der Stadt entzogen, stumm die Anklagen über sich ergehen und sich hinausführen lassen, um gekreuzigt zu werden. Das ist eine Haltung von archaischer Größe, die in den Augen seiner Jünger und weiterhin aller Christen darin seine Bestätigung fand, daß Gott ihn verwandelte, in die Welt des Geistes entrückte, so daß sein Grab leer gefunden wurde und er den Jüngern und vielen anderen, als letztem dem Apostel Paulus, in seiner Lichtgestalt erschien (Apg 9,3-4; 22,6-8; 26,12-16). Nicht seine Heilungen, nicht seine Dämonenaustreibungen, nicht seine Lehre vom Nahen der Gottesherrschaft ist nach dieser von der Kirche geteilten Überzeugung seine entscheidende Tat, sondern die Hingabe seines Lebens zur Versöhnung der Menschen mit Gott. Doch da der Irdische und der Auferstandene eins sind, berichten die Evangelien von seinem Leben im Osterlicht, während das auf ihn fallende Osterlicht erst verständlich wird, wenn es auf sein irdisches Leben fällt. Der irdische und der auferstandene Jesus dürfen nicht voneinander getrennt werden. Der Auferstandene wäre ohne die Identität mit dem Irdischen eine beliebige Geistererscheinung, der

Irdische ohne den Auferstandenen einer der edlen, aber gescheiterten Menschen.

Die Botschaft von Jesu stellvertretendem Leiden wurzelt in einer tieferen Schicht des menschlichen Bewußtseins und öffnet sich denen, die, mit seinem überlegenen Gottvertrauen und seinem Verhalten gegen andere Menschen konfrontiert, erkennen, daß sie im Lichte Gottes Sünder sind, weil sie meinten, sie könnten oder müßten ihrer selbst mächtig sein, und daher weder Gott noch den Nächsten liebten. Deshalb wirkt das Abendmahl auf eine Tiefe in unseren Seelen, in denen wir alle vor Gott eins sind und ein Leben für das andere eintreten kann (Röm 5,18).

Um diese Wirkung nicht zu stören, fügen wir eine Möglichkeit an, das stellvertretende Handeln Christi geschichtlich zu verstehen. Denn ohne die Botschaft, daß der, der sein Leben bis in seinen Tod bedingungslos in Gottes Hand gelegt hat, in die Welt Gottes eingegangen ist, würde die Forderung, in guten wie in bösen Tagen desgleichen zu tun, uns nicht erreichen. Und so führt auch diese Überlegung zu dem Ergebnis, daß Jesus Christus für uns gestorben ist.

8. VOM GLAUBEN AN DAS EWIGE LEBEN

8.1 Der Sinn der Rede von der Auferstehung der Toten

Daß die Botschaft von der Auferstehung Jesu nicht von der Wiederbelebung eines Leichnams, sondern von seiner Verwandlung handelt, haben wir uns oben an den Worten des Apostels Paulus aus 1 Kor 15 verdeutlicht (vgl. S. 135-137). Dabei wird vorausgesetzt, daß es einen Kern der Person gibt, der die Kontinuität zwischen dem irdischen und dem himmlischen Leib bildet. Ziehen wir die nach Lk 23,43 von dem Gekreuzigten an den guten Schächer gerichtete Verheißung heran, daß er noch am selben Tag in das Paradies eingehen werde, so liegt es nahe, von der Seele als dem Kern der Person zu sprechen, die den Tod überdauert. Erinnert man sich gleichzeitig daran, daß Raum und Zeit die Kategorien der Welt der Erscheinungen sind, aber nicht für die Welt des Geistes gelten, verwischt sich der Unterschied zwischen der aus zeitgenössischen jüdischen Endzeiterwartungen stammenden Vorstellung von der Verwandlung der Toten am Ende der Zeit und der von dem sofortigen Eingang der Seele des Frommen in die himmlische Welt: Denn alle kommen so gesehen zugleich in ihr an; denn alle Wellen dieser Zeit schlagen an das eine Gestade der Ewigkeit. Welche Wandlungen die Seele »dort« durchläuft, ob sie »dort« geläutert wird oder noch ein- oder mehrmals auf diese Erde zurückkehrt, überlassen wir der Gnade Gottes: Um dieses Leben in der Hoffnung auf Gottes auch in unserem Tode nicht endende Gegenwart zu bestehen, brauchen wir nur zu wissen, daß Gott dem Sünder, der zu ihm umkehrt, gnädig ist, und wer ihm nicht vertraut, sich selbst bestraft. Angesichts des Versagens irdischer Gerechtigkeit auf Gottes Gerechtigkeit zu hoffen und sich in den Irrungen und Wirrungen unseres Lebens vor ihr zu fürchten und sich trotzdem in ihm geborgen zu wissen (Lk 22,32) ist die letzte uns irdischen Menschen mögliche Auskunft, wenn wir uns nicht an die großen mythischen Bilder halten wollen. Am Ende aber kommt es nicht auf unsere Vorstellungen, sondern auf unsere Einstellungen an.

8.2 Der Weg zum Glauben an das ewige Leben

Entscheidend ist die Beantwortung der Frage, wie wir zum Glauben an das ewige Leben gelangen können, obwohl wir mit den Worten Martin Luthers zwar Ort, Zeit und Umstände unseres Todes erfahren werden, uns aber Ort, Zeit und die Umstände, unter denen uns das Leben erneut geschenkt wird, unbekannt sind. Luthers Bestehen auf dem Glauben an die Verheißung, die uns über den Zweifel hinwegträgt, erscheint als ein Zirkelschluß, der nur so lange seine Beweiskraft besitzt, wie man der Botschaft von Jesu Tod und Auferstehung glaubt. Um zu einer befriedigenden Antwort zu gelangen, müssen wir uns an den symbolischen Sinn der Taufe als Mitsterben mit Jesus Christus erinnern. Denn die Taufe ist ihrem Wesen nach keine magische Handlung, sondern ursprünglich als Untertauchen in fließendem Wasser ein symbolisches Mit-Christus-Sterben: Der symbolische Nachvollzug der bedingungslosen Hingabe an Gott, die Jesus in seinem Leidenweg durchgestanden hat, ist symbolische Teilhabe an seinem Tode und an der Kraft seiner Auferstehung (Röm 6,1-11). Bleibt das eine rein äußerliche Handlung, so kann die Taufe diese Gewißheit nicht bewirken. Denn sie ist nur zu gewinnen, wenn dem äußeren Vorgang der innere der entschlossenen Selbstübergabe der eigenen Endlichkeit an Gott entspricht: Diese Haltung läßt sich als ein nicht-wollendes Wollen umschreiben. Sie ist das Tor zur Befreiung von allen Ängsten, weil Gott sie mit einem gelassenen Frieden beantwortet, der höher ist als alle Vernunft (Phil 4,7). In dieser Selbstübergabe liegt zugleich die Selbstübernahme der eigenen Schuld als Sünder, der nicht oder doch zuwenig auf Gott vertraut hat. Und mithin vollzieht sich in ihr die Vergebung der Sünde. Ohne sie bleibt auch der äußere Lospruch wirkungslos, der das Gespräch des schuldbewußten Ichs mit sich selbst beendet: Denn seine Wirkung ist an den Glauben als bedingungsloses Gottvertrauen und an die dem ihn Aussprechenden verliehene Vollmacht gebunden: Solange man vor der Botschaft steht und sich ihrer Wahrheit mit historischen Untersuchungen und vernünftigen Argumenten versichern will, bleibt man vor dem garstigen Graben stehen, der sich zwischen der Kunde von Wundern und der Erfahrung von Wundern öffnet. Die Brücke bildet der Glaube als grenzenloses Gottvertrauen. Er führt zu einer inneren Gewißheit, die alle Zweifel hinter sich läßt. »Viele«

haben es bezeugt und können es auch heute bezeugen, daß sie, wenn sie sich in einer aussichtslos erscheinenden Situation Gott übergeben haben, ein anderes Licht als das dieser Welt geschaut und in einer grenzenlosen Freiheit und einem Frieden geborgen waren, den es in dieser Welt nicht gibt. So also wird es sein, wenn am Ende der Zeiten Gott alles in allem ist (1 Kor 15,28).

Zünden wir nun die Weihnachtskerzen als Vorschein des Osterlichtes an, so erhält das Fest seinen Inhalt zurück: die dankbare Freude, daß es Jesus von Nazareth gegeben hat, unseren Retter, den Anfänger und Vollender unseres Glaubens, der aus Gottes Welt in unsere Welt gekommen ist, um uns selig zu machen (Hb 12,2).

Dieses Buch besitzt einen dreifachen Anlaß: Der grundlegende besteht in der Absicht, der erschreckend verbreiteten Unkenntnis und dem Unverständnis der zentralen Aussagen des christlichen Bekenntnisses abzuhelfen, daß Jesus von Nazareth als der Gesalbte oder Christus Gottes sein Leben zur Sühne für die Sünde der Seinen in den Tod gegeben hat und am dritten Tage von den Toten auferweckt worden ist. Nachdem die Sünde in der westlichen Welt seit langem durch die Moral abgelöst und ihr Glaube an ein Jenseits durch den des Fortschritts in Gestalt der Unterwerfung unter das Meß- und Manipulierbaren ersetzt worden ist, kann auch der peinliche, weil selbstgerechte Moralismus nicht darüber hinwegtäuschen, daß der von Nietzsche als Folge des Todes Gottes vorausgesagte Nihilismus die Herrschaft angetreten hat. Auch die Absolutsetzung des Menschen im Namen eines negativen Freiheitsverständnisses ändert an dieser Tatsache nichts. Denn die Beliebigkeit der Zwecke ist ihrem Wesen nach nihilistisch. Daher geht es bei dem Verständnis der Rede von Gott und von der Versöhnung mit ihm zugleich um die Aufhebung der Selbstentfremdung des Menschen. Wenn die Christen diese zentrale Botschaft des Neuen Testaments als mit dem Zeitgeist unvereinbar zur Disposition stellen, bleibt ein unverbindliches »Weichspülchristentum« übrig, welches der Existenz der Kirche ihre Legitimation entzieht. In dieser Situation versucht der Verfasser, ebenso Grundkenntnisse über Person und Werk Jesu von Nazareth nach dem Zeugnis der vier Evangelien zu vermitteln wie die Rede von der Sünde und der Versöhnung verständlich zu machen. Das führt notwendig dazu, daran festzuhalten, daß die Welt der Erscheinungen nicht die einzige ist, sondern sie eine Entsprechung in der Welt Gottes oder des Geistes besitzt.

Den konkreten Anlaß für dieses Buch bildet die Ermunterung durch Wolfgang Erk, einen unter dem Titel des Buches am 19. Dezember 2007 als Gast vor der Sektion Eiderstedt des Rotary-Clubs in Sankt Peter-Ording gehaltenen Weihnachtsvortrag zu einem Buch auszuarbeiten. Als ich die Anregung aufnahm, war mir nur halb bewußt, in welchem Umfang ich mich als Alttestamentler auf das benachbarte Gebiet der Neutestamentler begeben würde. Ich habe keine Zeile über Jesus Christus geschrieben, ohne mich vorab der Auskünfte grundlegender Kommentare und Monographien zu vergewissern. Dem Fachmann wird nicht verborgen bleiben, daß ich mich methodisch an die existentiale Interpretation meines Lehrers Rudolf Bultmann anschließe, meine ständigen Dialogpartner außer ihm Martin Dibelius, Joachim Jeremias, Martin Hengel und Jürgen Becker gewesen sind und zumal die Kommentare von Hans Klein, Dieter Lührmann und Ulrich Wilckens stets griffbereit lagen. Für ein kurzes, aber informatives Gespräch über die Abendmahlsworte bin ich Folker Siegert dankbar. Sein Kommentar zum Johannesevangelium erscheint leider erst im Laufe der nächsten Monate, so daß ich ihn nicht mehr berücksichtigen kann. Die Verantwortung für meine Ausführungen übernehme ich in allen Fällen, für bessere Belehrungen bleibe ich offen.

Den dritten und nachhaltigsten Anstoß, mich noch einmal der Frage nach Jesu Werk und Sendung zu stellen, hat mir das im letzten Spätherbst erschienene Meisterwerk meines einstigen Tübinger Mitassistenten Martin Hengel »Jesus und das Judentum« gegeben, das er zusammen mit Anna-Maria Schwemer verfaßt hat. Auch wo ich beiden nicht folge, habe ich von ihnen gelernt. Leserinnen und Leser, die ausführlichere Informationen suchen, können die einschlägigen Titel problemlos unter den genannten Namen im Internet abrufen.

Was den vorliegenden Band betrifft, so habe ich an erster Stelle Herrn Verleger Wolfgang Erk zu danken, ohne den dieses Buch nicht zustandegekommen wäre, und an zweiter seinem Adjunkten Herrn Martin Scharpe, der sich erneut um die graphische Gestaltung des Buches verdient gemacht hat. Um die Allgemeinverständlichkeit zu sichern, hat auch diesmal Frau Anne-Marie Schwenger, Würzburg, in alter Freundschaft und Treue die ganze Erstkorrektur gelesen. Das letzte Kapitel hat Herr Dr. Christoph Koch, Heidelberg, freundschaftlich auf seine Verständlichkeit hin überprüft. Beiden werden gewiß nicht nur ich, sondern auch die Leserinnen und Leser dieses Buches dankbar sein.

Wenn mich Jesus ein Leben lang begleitet hat, so verdanke ich es meinen längst verewigten Eltern Oskar und Verena Kaiser, geb. Kessler, und den beiden Eberswalder Geistlichen, die ebenfalls längst in Gott ruhen, Herrn Pfarrer Hübner, der unserer kleinen Schar von fünf Buben treu Sonntag um Sonntag Kindergottesdienst hielt, und meinem Konfirmator, Herrn Superintendenten Paul Bochow, der sich die Zeit nahm, uns drei Gymnasiasten in seinem Arbeitszimmer zu unterrichten, von denen ich der einzige bin, der den Zweiten Weltkrieg überlebt hat. Ebenso sei an dieser Stelle meiner verewigten Tübinger Lehrer im Neuen Testament, Otto Bauernfeind, Ernst Fuchs und Otto Michel, und meines Marburger Lehrers Rudolf Bultmann gedacht, der mich befreiend gelehrt hat, daß Glauben und Verstehen zusammengehören oder, wie es mein ebenfalls längst heimgegangener Freund Carl Heinz Ratschow formuliert hat, der christliche Glaube denkender Glaube ist.

Marburg, im Hochsommer 2008   *Otto Kaiser*

Bitte beachten Sie auch die folgenden Seiten

Gerhard Marcel Martin: Was es heißt: Theologie treiben
Eberhard Müller: Architektur der Gerechtigkeit. Ein Wirtschaftskonzept
Eberhard Müller: Rehabilitation der Sünde. Neue Perspektiven
    im Schnittfeld von Quantentheorie und Schöpfungstheologie
Gottfried Orth: Wie im Himmel so auf Erden
    Das Vater unser heute beten und verstehen
Ingeborg Ronecker: JerusalemJahre. Von Intifada zu Intifada
Ingeborg Ronecker (Hg.): Sprachlos. Gedichte aus Jerusalem
Ingeborg und Karl-Heinz Ronecker: Liebenswertes Jerusalem
    Erfahrungen jenseits von Haß und Gewalt
Martin Scharpe (Hg.): Heilige Nacht. Heiliger Tag
    Die 100 schönsten Weihnachtsgedichte und -geschichten
Martin Scharpe (Hg.): Erdichtet und erzählt I und II
    Das Alte / Das Neue Testament in der Literatur
Martin Scharpe (Hg): Das Nashorn geht spazieren
    Eine lyrische Tierkunde
Henning Scherf: Gast bei fremden Freunden. Eine Weltreise à la Scherf
Wieland Schmied: Bilder zur Bibel
    Maler aus sieben Jahrhunderten erzählen das Leben Jesu
Wieland Schmied: Von der Schöpfung zur Apokalypse
    Bilder zum Alten Testament und zur Offenbarung
Wieland Schmied: Wohin geht die Reise der Kunst? Essays
Friedrich Schorlemmer: Den Frieden riskieren
    Sätze und Grundsätze, Pamphlete und Predigten
Friedrich Schorlemmer: Die Weite des Denkens und die Nähe
    zu den Verlorenen. Einlassungen auf Texte des Evangelisten Lukas
Olaf Schumann: Zentrale Texte des Glaubens
Rudolf Smend: Wohltuendes Durcheinander. Biblische Predigten
Fulbert Steffensky: Schöne Aussichten. Einlassungen auf biblische Texte
Fulbert Steffensky: Schwarzbrot-Spiritualität
Fulbert Steffensky: Mut zur Endlichkeit
    Sterben in einer Gesellschaft der Sieger
Fulbert Steffensky: Wo der Glaube wohnen kann
Angelika Stein: Auf der Suche nach Jacques. Erzählung
Holger Tiedemann: Paulus und das Begehren
Iwan S. Turgenjew: Mumu. Erzählung
Rosemarie Wagner-Gehlhaar (Hg.): Was glauben Sie?
    60 Prominente antworten
Hanna Wolff: Jesus als Psychotherapeut
Hanna Wolff: Jesus der Mann
    Die Gestalt Jesu in tiefenpsychologischer Sicht
Eva Zeller: Das unverschämte Glück. Neue Gedichte

Radius-Verlag · Alexanderstraße 162 · 70180 Stuttgart
Fon 0711.607 66 66   Fax 0711.607 55 55
www.Radius-Verlag.de   e-Mail: info@radius-verlag.de